새로운
일본의 섬 여행

JAPAN'S NEW ISLANDS TRIP

사람들이 꿈꾸는
'미래의 모습'이
이 작은 섬들에 있습니다.

나다운 일과 생활의 균형을 발견하고 싶다.
그런 마음으로 오키나와 본섬을 여행한 것이 2013년의 일.
그것을 '새로운 오키나와 여행'이라는 책 한 권으로 묶었습니다.

이 책은 '새로운 오키나와 여행'의 제2탄입니다.
이번에 향한 곳은 야에야마, 미야코, 세토우치,
아마미, 고토에 있는 열세 개의 섬.

작은 섬에서, 풍부한 자연에 둘러싸여
조심스러우면서도 자유롭게 살아가는 사람들을 찾아갔습니다.

왜 굳이 작은 섬을 여행했냐고요?
불편한 교통편을 마다하지 않고 섬으로 가는 길에서
풍요로운 자연과 문화의 차이를 만났고, 소박하며 솔직한 사람들과도 사귀면서
그 속에 여행의 모든 매력이 응축되어 있다고 느꼈기 때문입니다.

그리고 거기에는
앞으로의 '풍요로운 삶'에 대한 힌트가
있을지도 모른다는 생각이 들었기 때문입니다.

작은 섬에서 땅에 발을 딛고 살아가는 사람들은
한없이 자유롭고, 그 손에서 매력적인 것들을 만들어내며
활기차게 살아가고 있었습니다.

그들이 어떻게 그 생활을 실현하고 있는지 알고 싶어서,
그 일과 생활의 터전을 찾아갔습니다.

이 책은 카페, 빵집, 공방, 숙소 등을 소개하는 가이드북입니다.
더불어 이 책에는 작은 섬에서 살아가는
서른두 곳 사람들의 이야기가 담겨 있습니다.

Contents

002　머리말

1 미야코 제도
018　모자노팡야
022　soraniwa hotel & cafe
026　Pani Pani
030　SALVAGE
034　히라라야
036　Sunny Side
038　준킷사 · 후쿠기
040　utatane
042　Pisara

2 야에야마 제도
050　아야프파미
054　Le Lotus Bleu
058　잡화 사쿠라
064　나카무라야
066　나카소코 상점 shop + café
070　우미와로 야마와로
074　ICONOMA

3 세토 내해의 섬
084　Paysan
088　고마메 식당
092　233 cafe
096　야마다야
100　Char*
102　로코버스
104　다코노마쿠라
108　라쿠토 가마
112　노마도무라 카페 치큐
116　사진
118　NEHA
122　Limone
124　HOMEMAKERS

4 고토 · 아마미의 섬
134　구지라 카페
138　한도마리 · 다이조부무라!
142　소토노마

150　맺음말
152　미야코 제도 지도
154　야에야마 제도 지도
156　세토 내해 지도
158　고토 · 아마미 지도

Use Guide 이용 가이드

★ 이런 가게를 소개하고 있습니다.
- 만들어내는 것에 마음이 담겨 있는 곳.
- 장르에 얽매이지 않고, 주변 섬에 발을 디디며 살아가는 사람들.
- 일과 삶을 조화롭게 꾸려가고 있는 가게.
- 새로운 가게를 중심으로.

★ 지역별로 소개하고 있습니다.
- 주변 섬 여행은 지역별로 계획을 세우면 좋습니다.
- 유명한 관광지와 함께 즐겨주세요.

★ 가고 싶은 가게가 정해지면
- 가기 전에 휴일 확인은 필수!
  걱정되시는 분은 전화로 확인하면 안심하실 수 있습니다.
- 권말에 지역별 지도가 있어요.
  가게의 장소+주변 추천 관광지도 소개하고 있습니다.
- 내비게이션이나 상세 지도와 함께 사용하세요.

LANDSCAPE

2015년 1월에 무료로 건널 수 있는 다리로는 일본에서 제일 긴 이라부 대교가 개통. 이케마지마 섬, 구리마지마 섬까지 다리로 건너갈 수 있어, 섬의 또 다른 섬도 부담 없이 찾을 수 있다.

Irabujima
Dragon Fruit
Mango

CULTURE

섬의 곳곳에 교통을 지켜보고 있는 '미야코 마모루 군'이 있다. 총 19형제로, 여자아이인 '마루코 짱'도 있다. 렌터카로 여행하는 경우가 많으니 안전 운전에 유의하자.

Nishihennazaki

LANDSCAPE

적토가 흘러들지 않아 오키나와 내에서도 특히 바다가 아름답다는 미야코지마. 요나하마에하마 비치나 이케마 대교, 도구치노하마 해변 등 볼 곳이 가득.

섬으로 가는 법

[비행기]
오키나와 현이 아닌 곳에서 오는 경우 나하 공항에서 갈아타는 것이 일반적. 수는 적지만 하네다에서 출발하는 직항편이 있고, 이시가키지마 섬에서도 항공편이 있다.

[페리]
현재는 미야코지마로 가는 페리는 없다.

Kurimaohashi
Kurimajima

---

*역주: 우타키는 류큐 왕국이 제정한 신앙에 있어서의 성역의 총칭. 류큐 신화의 신들이 존재하거나 찾아오는 곳으로, 조상신을 모시는 곳이기도 하다. 하리미즈 우타키는 미야코지마 시에 있는 우타키로, 수많은 신화와 전설의 무대가 된 곳.

1

새로운 일본의 섬 여행

미야코제도

미야코 블루에 마음이 떨리는, 아름다운 바다에 둘러싸인 섬

CULTURE

온몸에 진흙을 바른 신이 찾아와 악령을 물리친다는 전통 행사 '판투' 등, 옛날부터 내려오는 독특한 문화가 지금도 남아 있다.

FOOD

망고를 비롯해 드래곤프루츠 등 남국 특유의 열대 과일이 풍부. 여름철 수확 시기에는 그런 과일을 이용한 디저트도 즐길 수 있다.

HISTORY

성지와 유적도 풍부하다. 섬사람들이 아직까지도 소중히 여기고 있는 하리미즈 우타키*나 야마토가(우물), 해외의 유적을 방불케 하는 나카소네 투유먀의 무덤 등 신비한 장소가 많다.

오키나와 본섬이나 야에야마 제도에서 미야코지마를 찾아온 사람들도 그 투명한 물에 놀란다고 할 만큼 아름다운 바다가 특징입니다. 나하 공항에서는 비행기로 약 한 시간. 수는 적지만 하네다 공항에서 출발하는 직항편도 있습니다.
광대한 산호초군의 '야비지'나 각지의 해변에는 스노클링을 비롯한 해양 액티비티도 잘 갖추어져 있어서 바다의 아름다움을 만끽하고 싶어지죠.

그중에서도 특히 요나하마에하마 비치는 '동양 제일'이라는 말을 들을 정도로 아름답고, 하얀 모래사장과 '미야코 블루'의 조화는 꼭 한 번 볼 만해요. 섬 곳곳에는 이름도 없는 해변들이 숨겨져 있습니다. 섬 주민 중에는 페이버릿 비치를 따로 가지고 있는 경우도 있을 정도입니다. 미야코지마는 차로 한 바퀴 돌아도 네 시간 정도밖에 안 걸려요. 스나야마 비치나 요시노 해안 같은 해변, 히가시헨나자키 곶이나

MIYAKO ISLANDS

이케마 대교, 구리마 대교 등 절경 포인트도 많으니 꼭 드라이브를 해보세요. 산호가 융기해서 생긴 섬이라 산다운 산, 강다운 강이 없고 적토가 바다에 흘러들지 않는 것이 바다가 아름다운 이유라네요.
또 미야코지마 섬에는 많은 우타키

(기도하는 곳)가 있습니다. 시가지 옆에 있는 하리미즈 우타키는 지금도 지역 사람들이 소중히 여기는 장소. 미야코지마에 오면 우선 이곳에서 여행의 안전을 기원하는 건 어떨까요. 옛날에 생활용수로 사용되었던 우물인 야마토가도 매우 신비로운 분위기를 풍깁니다.

관광지화된 이시가키지마 섬에 비하면 아직 소박한 분위기가 남아 있는 미야코지마. 중심지인 히라라 시가지를 벗어나면 평탄한 토지에 사탕수수밭이 펼쳐져 있는 한적한 풍경을 볼 수 있습니다. 요즘 가장 큰 화제는 이라부 대교가 개통된 것. 무료로 건널 수 있는 일본에서 가장 긴 다리로, 그 길이는 3,540미터나 돼요. 도구치노하마 해변이나 시모지시마의 공항 주변 바다 등 미야코 제도 안에서도 굴지의 아름다움을 자랑하는 절경 해변이 기다리고 있으니 꼭 건너보세요.

또 추천하고 싶은 곳이 구리마지마 섬입니다. 이 섬도 다리로 건널 수 있는데 사탕수수밭과 마을이 하나 있을 뿐인, 인구가 200명 정도 밖에 되지 않는 작은 섬입니다. 다리를

소박한 섬의 독특한 가게

건너면 바로 잡화점과 카페 등 개성적인 가게들이 줄지어 있고, 마을에는 옛날 그대로의 분위기가 남아 있어 산책만 해도 즐거워요. 섬 북서쪽에 있는 나가마하마 해변에서 보는 일몰은 뛰어나게 아름답습니다.
숙박을 한다면 히라라 시가지를 추천. 왜냐하면 시가지에는 맛있는 가게가 많거든요.

미야코지마에는 개성도 강하고 좋은 가게가 많아요. 바다에서 놀고 실컷 관광을 한 후, 맛있는 밥을 먹고, 눈치 볼 것 없이 술을 마신 다음 느긋하게 걸어서 호텔로 돌아가는 게 미야코지마 섬을 즐기는 방법입니다.

모자의 빵은 하나같이 폭신하고 사랑스럽다.

아름다운 바다도 매력적이지만 그것 말고도 미야코지마 섬에서 내가 정말 좋아하는 풍경이 있다. '모자노팡야' 앞에서만 볼 수 있는 특별한 풍경. 모자노팡야 옆에는 얼마 전까지 커다란 체구를 가진 가죽 장인의 공방 겸 숍이 있었는데, 그 장인은 점심시간이 되면 느릿느릿 가게를 나와 빵과 커피를 사곤 했다. 그는 옛날에 프랑스 어느 공원에 놓여 있었다는 연한 초록색의 귀여운 의자에 걸터앉아 빵을 입 안 가득 넣는다. 가게 창문으로 얼굴을 내민 모자노팡야 주인과 느긋하게 대화를 즐기면서. 그곳은 시청 바로 옆의, 미야코지마 중심지에 있기 때문에 한동안 머무르다 보면 그 풍경을 몇 번 마주치게 된다. 그 장면은 뭐라 말할 수 없이 흐뭇하고, 미야코지마를 여행할 때 느낄 수 있는 따뜻함이나 친근감 등을 상징한다.

모자노팡야의 주인 무로가미 씨는 인생의 큰 회오리를 맞았을 때 미야코지마에 왔다. 무로가미 씨에게는 매우 괴로운 시기였지만, 이 섬에 와서 여러 사람들과 만나면서 치유되었다. 그중 한 사람이 바로 이 덩치 큰 가죽 장인, 이케마 씨였다. 이케마 씨는 지금 야마구치 현에 공방을 두고 있다. 효고 현에서 카페를 운영한 경험이 있는 무로가미 씨에게 공방 한쪽에서 빵을 판매할 수 있도록 해주었다. 지금의 가게도 그 공방 안에 작은 방을 지어 만든 것이다. 현재 무로가미 씨의 부인이 운영하고 있는 숙소 '데마카힐즈'는 그의 아버지가 물려준 것이다. 데마카힐즈에 첫 번째로 묵은 손님의 아이가 빵을 좋아한다는 이야기를 듣고 빵을 구워주었더니, 아이는 매우 기뻐했다. 이 섬에서 빵을 굽기로 한 것은 그때의 순수한 '기쁨'이 계기.

01 Japan's New Islands Trip
미야코 | 미야코지마 | 베이커리

모자노팡야
モジャのパン屋

누구에게나 사랑받는
동그랗고 예쁜 빵

'좁은 공간 속에서 혼자 빵을 만드는 무로가미 씨.
가끔 등장하는 베이글도 일품이다.

가게에 진열되어 있는 것은 동그랗고 귀여운 팥빵, 초코빵, 깨빵 등 여섯 종류 정도. 가끔 베이글도 진열된다. 재료는 매우 심플하지만, 분명 까다롭게 고르고 있음이 느껴진다. 가족과 아침을 먹는 시간을 소중히 여기고 싶어서, 오픈은 11시부터. 세 사람만 들어가도 꽉 찰 것 같은 작은 주방에서 빵을 만든다. 밀가루와 버터의 풍미, 쫀득쫀득한 식감. 그리운 맛이지만 먹어본 적이 없는 부드러운 빵. 관광객도, 지역 주민도 줄줄이 빵을 사러 찾아온다.

숙소 옆에는 공터가 있는데, 그곳에 작은 빵집을 짓고 싶다. "빵을 굽는다고 하면 아이들한테 존경받잖아요(웃음)." 지금은 두 살인 딸 모치코가 언젠가 초등학생이 되었을 때, 학교에서 집으로 달려오면 그를 향해 "빵 굽고 있어!"라고 말을 거는 풍경을 꿈꾸면서.

섬의 사랑스러운 풍경처럼

앤티크를 좋아해서 귀여운 소품을 장식해놓았다.

커피 콩도 판매하며 테이크아웃도 가능하다.

"미야코지마에 와서 치유되었어요. 여기에서는 꾸밈없이 살 수 있거든요. 그러니까 힘들지 않아요." 모자노팡야의 주인이 만드는 빵은 부드럽기 때문에, 그가 만들어내는 풍경 또한 부드럽다. 현재 이케마 씨는 이곳에 없어서 그 풍경이 조금 바뀌었지만, 그래도 나는 모자노팡야가 있는 풍경이 좋다. 그것은 이 섬에 대한 감사이며, 사랑스러운 일상의 풍경이다.

주 소	오키나와 현 미야코지마 시 히라라 히가시나카소네 20 沖繩県宮古島市平良 字東仲宗根20
전 화	090-3977-6778
시 간	11:00~17:00 (매진되는 대로 종료)
정기휴일	일·월요일
주 차 장	없음
가는 법	시청 교차점에서 이케마지마 방면으로, 나카소네 슈퍼 근처

02 Japan's New Islands Trip
미야코 | 이라부지마 | 카페, 숙소

soraniwa hotel & cafe
소라니와 호텔 & 카페

하늘이 정원이 되는 절경 호텔&카페

2015년 1월에 다리가 생길 때까지, 이라부지마 섬으로 건너가려면 미야코지마에서 페리를 타는 것 말고는 수단이 없었다. 주변 섬의 또 주변 섬. 발길을 옮겨보니 눈에 들어오는 모든 곳이 '절경'이라고 말할 수 있을 정도로 아름다운 풍경으로 넘치고 있었다. 인구 6천 명이 채 되지 않는 작은 섬에서 바다를 바라보며 차를 몰다 보면 오도카니 서 있는 하얀 건물이 보인다.
도야마 아쓰시 씨가 이곳에 호텔과 카페를 연 것은 6년쯤 전의 일이다. 도쿄 시부야에서 카페를 5년 정도 운영했던 도야마 씨는 결혼을 계기로 자신의 삶을 되돌아보면서, 이주를 결심하게 되었다고 한다. 그 후 오키나와의 유인도를 2년에 걸쳐 전부 돌았다. 처음 이라부지마 섬을 찾은 날은 장대비가 내렸다. 하지만 마음에 걸리는 구석이 있어 다시 찾은 그날, 이 섬의 아름다운 하늘에 놀랐다고 한다. "불편하기 때문에 생기는 문화가 있고, 또 그렇기에 '섬다운' 분위기가 만들어진다는 생각이 들었어요. 인구도 딱 적당한 것 같았고요."
원래 여행을 좋아하는 도야마 씨는 스무 살 때부터 전 세계를 여행했고, 그 수는 벌써 50개국을 넘는다고. 여행을 할 때 어느 호텔에 묵는가가 여행의 성공을 좌우하는 중요한 선택이 된다고 느낀 그는 여행자들에게 멋진 호텔을 제공하고 싶었다. 또 호텔에서 식사를 제공한다면 그 장소는 숙박객 이외의 사람들에게도 개방하고 싶었다. 그러면 섬사람들과도 커뮤니케이션을 할 수 있기 때문이다. 오래된 소재를 사용한 소라니와soraniwa 카페. 커다란 책장에는 멋스러운 책을 꽂아놓아 세련된 청결감과 함께 친근함을 느끼

두 부부, 그리고 몇 명의 직원이 함께 카페와 호텔을 꾸려나간다.

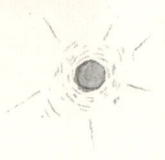

개성적인 문화가 남아 있는 섬에서

게 한다. 메뉴에는 섬의 제철 식재료를 활용한다. 미야코지마에서는 루콜라, 트레비스, 주키니 등 다양한 채소가 재배되고 있고, 유기농가도 많다. 이라부는 생선이 많이 잡힌다. 맛있는 식재료는 충분하다.

2014년 6월에는 바다에 면해 있는 프라이빗 풀을 갖춘 호텔 '사이드 비Side B'를 증설했다. 관광객의 사랑을 받고 있고 지역 주민들이 들러주는 덕분에, 성수기는 매우 바쁘다. 한편 1월에서 2월에 걸친 비수기에는 영업을 쉬고 해외여행을 떠난다. 숨을 돌리자는 목적도 있지만 밖에 나가면 다시 이 섬을 신선한 눈으로 볼 수 있기 때문이다.

"이라부지마는 커뮤니티가 작고, 개성적인 문화도 남아 있어요. 처음에는 알아들을 수 없는 말이 많아서 당혹스러웠지만 겨우 이곳에서 생활하는 게 익숙해졌죠." 도쿄 출신 도야마 씨의 말이다.

soraniwa hotel & cafe   Japan's New Islands Trip
미야코 | 이라부지마 | 카페, 숙소   02

미야코 쇠고기를 사용한 특제 햄버그가 인기 메뉴이다.

도쿄에서 만나 함께 이주해온 홋카이도 출신의 아내 가오리 씨는 "일단 추운 게 싫었어요. 기온만 다를 뿐이지 제 고향도 비슷한 시골이었기 때문에 이곳이 편안하게 느껴져요" 하며 함께 웃는 얼굴을 보여주었다.
다리가 생기면서 이 작은 섬의 커뮤니티와 문화는 변화를 맞을지도 모른다. 하지만 눈부시게 빛나는 하늘과 바다가 바로 옆에서 아득히 멀리까지 이어져가는 이 풍경은 언제까지나 변하지 않을 것이다.

주　　소   오키나와 현 미야코지마 시 이라부 이라부 721-1
　　　　　沖縄県宮古島市伊良部字伊良部721-1
전　　화   0980-74-5528
시　　간   11:30~18:00(cafe)
정기휴일   수・목요일(여름・성수기에는 수요일만)
주 차 장   있음
숙　　박   1실 2명(조식 포함) 10,000엔~
가 는 법   이라부 대교를 건너 막다른 길에서 왼쪽으로

024 - 025

원래는 그냥 바나나밭이었다.

03 **Japan's New Islands Trip**
미야코 | 구리마지마 | 카페

Pani Pani
파니 파니

맨발로 쉬어가는, 하늘 아래의 카페

미야코지마 남서쪽에 오도카니 떠 있는 구리마지마 섬은 인구 200명 남짓의 작은 섬이다. 조그마한 마을과 사탕수수밭이 있고, 염소가 뛰어놀고, 아름다운 해변이 있지만 인구가 점점 감소하고 있다. 이곳에는 가게가 몇 개 있는데, 남국다운 분위기를 맛보고 싶다면 추천하고 싶은 곳이 파니 파니Pani Pani다. 문어 관목이 우거진 사이로 햇살이 비쳐드는 자리에 앉아 드래곤프루츠와 바나나 스무디를 마셔보자. 샌들은 벗는 게 좋겠다. 사락거리는 모래가 맨발에 닿아 기분 좋다. 푸른 하늘과 초록색 사이를 채색하는 새빨간 히비스커스가 기분을 한층 고양시켜준다.

사이타마 현 출신의 세키구치 마사아키 씨가 미야코지마에 이주해온 것은 40대 후반이 되어서다. 고베에 살다가 지진을 경험하고 그 후 요코하마에서 3년 정도 산 후, '막연하게 동경하고 있던' 남쪽 섬으로 이주를 생각했다. 이시가키지마 섬도 가보았지만 아무래도 자신과는 맞지 않았다. 도쿄의 이케부쿠로에서 개최되었던 '주변 섬 페어'에 갔다가 발견한 미야코지마 팸플릿의 아름다운 풍경에 끌려 미야코지마에 가보기로 했다. 그때 처음 본 요나하마에하마 비치에 '일본에도 이렇게 아름다운 해변이 있나' 하고 놀랐다고. 그 순간 바로 이 섬에서 살아야겠다는 결심이 섰다. 그것이 벌써 18년쯤 전의 일. 당시에는 인터넷이 보급되지 않아서 정보가 별로 없었다. 어쨌든 가보지 않으면 알 수 없을 것 같아, 얼마 안 되는 저금을 털어 미야코지마로 왔다. 섬사람들은 다정하게 맞아들여주었다. 농사 아르바이트도 찾게 되면서 섬 생활이 시작되었다. 5년쯤 지났을 때, 부동산에서 바다 근처의 토지를 소개해주었다. 지극히 평범한 바나나밭이었지만 '여기에 의자라

바닥에 해변에서 가져온 모래를 깔아두어 맨발로 쉴 수 있다.

마치 정글 같은 카페 안에 기분 좋은 공간이 있다.

도 놓으면 귀여운 카페가 되겠군'이라고 생각했다고 한다. 어쨌든 이 땅만 있으면 언젠가는 뭐라도 생기겠지 싶어 토지를 구입. 그 후에는 목수인 지인의 도움을 받으면서 살 집과 카페를 만들었다. "땅을 사느라 모아둔 돈을 거의 다 써버렸기 때문에 직접 만들 수밖에 없었어요." 밭일을 하다가도 태풍이 오면 그 대책과 뒤처리를 하느라 일주일은 작업이 멈춘다. 익숙하지 않은 작업도 많다 보니 3년이나 지나서야 카페를 오픈할 수 있었다. 처음에는 땅을 고르게 하고 목제 케이블 원통에 파라솔을 세운 테이블이 3개 있을 뿐이었다고. 처음 몇 년은 좀처럼 손님들이 발길을 옮겨주지 않았다. 성수기가 되면 종일 북적거리는 지금은 상상도 할 수 없지만, 오픈하고 나서 10년 동안은 겨울철 3개월 내내 농가 일을 도우면서 카페를 꾸려갔다고 한다. 영업을 하면서도 계속해서 가게를 고쳐나가고 메뉴를 생각했다. 그렇게 카페의 모습을 갖추어가면서 손님은 자연히 늘

자연 속에 있는 것 같은, 직접 만든 공간

세키구치 씨의 표정은 한없이 온화하다.

어났다. 남국의 낙원처럼 보이는 장소지만, 오늘날에 이르기까지는 세키구치 씨의 노력이 있었다. "아름다운 바다와 자연에 둘러싸인 환경, 느긋한 생활. 이주해올 무렵 그려왔던 생활이 충족되었기 때문에, 별로 고생스럽지 않아요." 그렇게 말하며 세키구치 씨는 온화한 표정을 지었다.
뚜렷한 그림자의 경계선이 점차 애매해지고, 스쳐 지나가는 바람이 서늘해지면, 슬슬 문을 닫을 준비. 오늘 하루도 부드러운 시간이 흐른다. 해가 지는 무렵이 파니 파니의 폐점 시간.

주 소	오키나와 현 미야코지마 시 시모지 구리마 105-1 沖縄県宮古島市下地字来間105-1
전 화	0980-76-2165
시 간	10:00~18:00
정기휴일	부정기
주 차 장	있음
가는 법	다리를 건너 언덕 중간에서 오른쪽에 있는 자판기 뒤

히라라의 시가지에서 조금 벗어난 곳. 간판을 따라 골목길로 들어가면 그 안쪽에 초록색으로 덮인 옛집이 나타난다. 미닫이문을 드르륵 열고 안으로 들어가면 조개껍질과 산호로 만든 액세서리가 빼곡히 진열되어 있다. 안쪽 카운터에 오도카니 앉아 작업을 하고 있는 사람이 아이치 현 출신의 가키베 마사노리 씨. 낚시를 좋아해서 낚시를 하러 여행왔던 것이 미야코지마와의 첫 만남이었다. 그때 큰 물고기를 낚아서 이곳은 추억의 섬이 되었다고. 직장 문제로 고민하던 시기였던 탓에, 아이치로 돌아간 후에도 미야코지마가 가슴 깊이 남아 있었다. '느긋하게 지낼 수 있고, 바다에 가고 싶을 때 갈 수 있는 생활을 하고 싶다'며 일을 그만두었다. 다른 것은 아무것도 결정하지 않은 채 오토바이에 낚시 도구와 캠핑 도구를 싣고 나고야 항에서 배를 탔다. 야에야마 제도도 돌았지만 '사람들의 따뜻함과 섬의 분위기에 끌려서' 미야코지마로 향했다.

1년 동안 게스트하우스에 묵었다. 다른 손님들과 즐겁게 지내며 마음의 휴양 시간을 가졌다. 어느 날 해변에서 조개껍질을 주워, 약간 가공을 하고 가죽 끈을 꿰어 액세서리를 만들었다. 숙박객들이 모이는 휴게실에서 만들고 있었는데, 그것을 본 손님 중 한 명이 갖고 싶다고 말해 맥주와 교환하기로 했다. 그 이야기를 들은 게스트하우스의 주인이 "많이 만들어서 여기에 둬요"라고 말해주었다. 그때부터 본격적으로 조개를 주워 와서 액세서리 만들기에 몰두하게 되었다. 취미로 하던 가죽 세공이나 배관공으로 일하던 때의 기술 등 지금까지 쌓아온 여러 가지가 이 액세서리 만들기에 집약되는 것 같았다. 점점 더 제작에 몰두했다. 그러나 언제까지나 이대로 있을 수는 없다. 액세서리 만들기를 '직업'으로 삼기 위해, 일단 본가로 돌아가 가게를 열기 위한 정보를 조사

여행을 하다가 만난 다정한 섬

조개껍질을 줍기 위해 '비밀의 해변'으로 나간다.

주　소	오키나와 현 미야코지마 시 히라라 니시자토 505-28 沖縄県宮古島市平良字西里505-28
전　화	0980-73-3390
시　간	11:00~19:00(3~12월) 16:00~19:00(1~2월)
정기휴일	부정기
주 차 장	있음
H　P	http://ameblo.jp/salvagemiyako/
가는 법	아쓰마마 우타키 근처의 간판에서 60걸음(조개의 집 옆)

04 Japan's New Islands Trip
미야코 | 미야코지마 | 액세서리

SALVAGE
샐비지

아름다운 바다에서
태어난 액세서리

04 Japan's New Islands Trip
미야코 | 미야코지마 | 액세서리   **SALVAGE**

가게 안쪽에 있는 공방

마음이 담긴 액세서리가 진열되어 있다.

분위기가 있고, 망가지지 않는 것

하고 기재를 사들이고 재료 구입처를 체크했다. 그리고 트럭한 대분의 기재 및 재료를 가지고 다시 미야코지마로 돌아왔다. 게스트하우스에 묵으면서 반 년에 걸쳐 가게를 찾았고, 그렇게 발견한 것이 지은 지 50년 된 이 건물이었다.
2년의 시간에 걸쳐 인테리어를 직접 했다. 안쪽에는 공방 겸 집이 있다. "계속 쓸 수 있는 걸 만들고 싶어요. 분위기가 있고, 망가지지 않는 것." 앤티크 비즈나 야광조개, 붉은 산호를 사용하기도 한다. 바다의 것을 반드시 넣고, 거기에 천연석을 조합하기도 한다. 만드는 것은 혼자지만, 착용할 사람들을 머릿속에 그리며 여러 사람들의 시선에서 보기 위해 노력한다. 사가는 사람을 지켜볼 수 있는 것도 혼자 하는 가게의 매력이다.
"아무것도 없는 섬이지만, 낚시도 할 수 있고 일도 몹시 재밌어요. 쉬는 날에는 바다에 가기도 하면서 즐겁게 살고 있어요. 도시에서 짜증만 내던 저를, 미야코지마가 구해준 거죠."
샐비지의 액세서리에는 미야코지마의 아름다운 자연과 보물을 찾아낸 것 같은 두근거림이 담겨 있다.

히로 씨의 인품이 이 숙소의 매력 중 하나

05 | Japan's New Islands Trip
미야코 | 미야코지마 | 숙소

히라라야
ひららや

사람들이 오가는
작은 게스트하우스

미야코지마에는 좀 특이한 게스트하우스가 있다. 그것은 시가지에서는 매우 가깝지만 메인 스트리트에서는 떨어진 곳에 조용히 서 있다. 2층짜리 네모난 콘크리트 건물이다. 건물이 멋지냐고 묻는다면 그렇다고 대답하기는 망설여지는, 오키나와에서는 일반적인 분위기. 그렇다고 창을 열면 바다가 한눈에 내려다보이는 것도 아니다. 하지만 그 숙소에는 숙박객도, 숙박객이 아닌 사람들도 오가고, 즐겁게 수다를 떨곤 한다. 미야코지마에 이주한 사람들과 이야기를 하다 보면 이 숙소에 줄곧 묵었다는 이야기를 몇 번이나 듣게 된다. 대체 무엇이 그렇게 사람들을 끌어당기는 것일까.

주인 히로 씨는 오사카 출신. 10대에서 20대에는 해외를 전전했고 그 후에는 도쿄에 있었다. 도시에서 살면서 '시골에서 살고 싶다'는 막연한 생각

주 소 오키나와 현 미야코지마 시
       히라라 히가시나카소네 282-1F
       沖縄県宮古島市平良字東仲宗根282-1F
전 화 0980-75-3221 (8:00~20:00)
주차장 있음
숙 박 도미토리 1박 2,000엔, 1인실 1박 3,000엔
H P http://www.miyako-net.ne.jp/~hiraraya/
가는 법 공항에서 택시로 약 15분, 히라라 니칸네 슈퍼 앞

을 갖고 있었을 때, 우연히 친구를 방문하기 위해 온 곳이 미야코지마. "어디에 있어도 나와는 맞지 않았는데 미야코지마 사람들하고는 아주 잘 맞았어요." 편안함을 느낀 그는 미야코지마에서 계속 살게 되었다. 어느 날 친구의 권유를 받고 공동으로 시작한 게스트하우스. 약 10평 정도 되는 방에 직접 만든 2층 침대가 3대. 침대는 조금 널찍하고, 도미토리만 느긋하게 지낼 수 있다. 3평짜리 1인실뿐만 아니라 다다미방도 있다. 내가 찾아간 날은 부드러운 햇빛이 방을 더욱 따뜻하게 만들고, 지나가는 바람이 매우 기분 좋게 느껴졌다.

함께 경영하던 친구가 빠지게 되면서 숙소를 닫을 뻔했지만, 이미 단골손님도 생긴 터라 조금만 더 해 보자고 버틴 것이 벌써 10년이 지났다. 미야코지마는 그 스스로가 편하게 지낼 수 있는 곳이다. 주위의 참견도 많지만 존중도 해주는, 그런 섬이다. "그냥 잠만 자는 게 아니라 섬사람들과도 친해져서 커뮤니티가 넓어진다면 기쁠 것 같습니다. 마치 B급 로드무비처럼 일본 전국에서 사람들이 찾아오면서 이야기가 생겨나는 거죠. 어디에서 어떤 이야기가 전개될지는 알 수 없어요. 그런 만남이 즐거워요."

다른 이주자의 권유를 받아 마흔이 넘은 나이에 서핑을 시작했다. 손님이나 주민들이 가게를 봐 주면 아이들을 데리고 바다에 나간다. "사람들이 절 보면 힘이 빠진대요"라며 웃는 히로 씨의 인품이 묻어나는 편안하고 작은 공간. 섬사람들과 여행자가 이곳을 오가고, 수많은 만남과 이야기가 생겨난다. 그것을 알기에 사람들은 다시 찾아오는 것이리라. 이곳은 미야코지마의 입구 같은, 사람들이 오가는 작은 게스트하우스.

가게 이름대로 이곳은 해가 비치는 곳. 커다란 창으로 빛이 새어든다.

06
Japan's New Islands Trip
미야코 | 미야코지마 | 카페

Sunny Side
서니 사이드

화창한 햇빛이 비치는 카페

주 소	오키나와 현 미야코지마 시 히라라 구가이 1068-9 沖縄県宮古島市平良字久貝1068-9
전 화	0980-73-3364
시 간	11:30~21:00
정기휴일	화요일
주차장	없음
H P	http://www.facebook.com/SunnySideNaturalHealthyCafe
가는 법	맥도날드 옆, 도로변

추천하고 싶은 카페를 누군가 묻는다면 이곳을 꼽고 싶다. 바다가 보이는 것도 아니고 전망이 좋은 것도 아니지만, 이름대로 햇볕처럼 마음까지 따뜻하게 해주는 가게이기 때문이다. 지역 주민들은 종종 이곳을 찾아와 밥을 먹고 커피를 마시면서 가게 주인 가와구치 아케미 씨와 수다를 떤다. 고민 상담을 할 때도 있고, 이벤트를 의논하기도 한다. 모두 즐겁게 이야기하고 있는 왁자지껄한 분위기가 기분 좋다.

아케미 씨가 미야코지마로 이주한 지 11년이 되었다. 원래는 도쿄에서 의상 일을 오랫동안 했지만, 상품의 사이클이 빠르고 항상 새로운 것을 손님에게 권하는 것이 물건을 쓰고 버리는 풍조를 조장하는 것처럼 느껴져서 '나답지 않다'고 위화감을 느끼게 되었다. 그 무렵 미야코지마 출신인 사람을 알게 되어 홈스테이를 했다. 아름다운 풍경에 매료되어 언젠가는 여기에서 살고 싶다고 생각했고, 결국 일을 그만두고 친구의 카페를 도우러 미야코지마로 오게 되었다. 반 년만 있을 생각이었는데, 편안하게 지내다 보니 눈 깜짝할 사이에 1년이 지났다. 어느 날, 드라이브를 하다가 지금의 카페 건물을 발견했다. 당시에는 이발소가 영업을 하고 있었고, 나름의 분위기에 매력을 느꼈다고 한다. 그리고 한 달 후에는 놀랍게도 그곳이 빈 건물이 되었다. "별로 앞뒤로 생각하지 않는 타입이에요. 하고 싶은 일을 한다는 생각으로 살아왔죠"라며 웃는 가와구치 씨지만, 그래도 반 년 동안 고민을 거듭했다고. 결국 발견했을 때 '내 집이 있다'고 생각했던 이 운명적인 장소에서 카페를 하기로 결심했다. 원래 요리를 남에게 대접하는 것을 매우 좋아했다는 가와구치 씨. 섬의 식재료를 사용하면서 베지타코라이스 등 채소 중심의 메뉴를 선보이고 있다.

"나 자신을 성장시키기 위해 이 가게를 만든 거예요. 사람들과 이야기를 나누면서 여러 가지 사고방식이 생겨나게 되었거든요. 도쿄에서 살 때는 내 페이스대로 살고 있다고 생각했지만 사람과의 약속, 전철 시간, 나도 모르는 사이에 환경이나 다른 사람에게 맞추고 있었던 거죠. 지금은 가게를 여는 시간도, 쉬는 날도, 전부 제가 정해요. 내 페이스대로 살 수 있는 거죠. 도시 생활에 지쳐서 이 섬에 왔다가 리셋해서 다시 섬을 나가는 사람도 많아요. 어쩌면 저도 지금은 충전 중인지도 몰라요. 하지만 지금은 여기에서 살 수 있는 것에 감사하고 있고, 여기에서 계속 살아가고 싶어요."

쉬는 날은 화요일뿐. 영업시간은 런치부터 저녁 식사까지. 혼자서 손님을 맞고, 요리도 하고, 손님들과 즐겁게 수다도 떨며 꾸려나가고 있다. 힘든 기색은 조금도 보이지 않고, 태양처럼 밝게 웃는 사람. 이 카페에는 언제나 햇빛이 비친다.

07 Japan's New Islands Trip
미야코 | 구리마지마 | 카페

준킷사 후쿠기
純喫茶・福木

작은 섬의
조용한 찻집

구리마지마 섬의 작은 마을. 산책을 하다 보면 향수鄕愁 어린 한적한 기분을 맛보게 하는 학교와 매점, 할머니들의 수다 등 여러 풍경을 만나게 된다. 그런 마을의 끝자락, 골목길로 들어가서 간판이 보이면 그 간판을 따라 길이라고 할 수도 없는 틈새로 들어간다. 후쿠기(망고스틴) 나무에 둘러싸여 있어서 이름도 후쿠기. 시간이 멈춰버린 것 같은 작은 찻집이 보인다.

도쿄에서 시스템 엔지니어 일을 하던 기무라 준 씨는 휴

조용히, 강하게 섬을 생각하는 기무라 씨

가로 뉴질랜드를 여행했을 때 자신이 생각하는 대로 자유롭게 사는 서양인들을 보고 자극을 받았다고 한다. 오키나와는 리조트 아르바이트를 하며 3개월 정도 산 적이 있었다. 그때의 즐거웠던 기억. 그리고 아름다운 바다와 따뜻한 사람들. "나와 맞는 곳에 살자." 그렇게 생각한 기무라 씨는 미야코지마로 왔다. "일자리는 찾으면 있을 테고, 집은 싸게 빌릴 수 있겠지." 이주에 대한 불안

은 특별히 없었다고 한다.

미야코지마에서도 시골 마을에서 살고 싶다고 생각한 기무라 씨는 자전거로 마을을 돌며 빈집을 찾았다. 그러다가 다다른 곳이 구리마지마의 건물. 5년 정도 사람이 살지 않아서 엉망진창이었다고 한다. 직접 고치면 살 수 있을 것 같아 친환경 화장실과 샤워 시설을 설치했다. 어느 날 집주인이 부지 내에 있는 창고 같은 오두막에서 찻집을

해보지 않겠느냐는 말을 꺼냈다. 섬에 온 후 스스로 뭔가 하고 싶다고 생각하던 터라, 망설였지만 한 발짝 내디뎠다. 폐점한다는 카페에서 건축 자재를 받아 바닥을 깔고, 책장을 만들어 영업을 시작했다. 다니는 사람도 별로 없고 일부러 찾지 않으면 발견하기 어려운 장소지만, 그것이 오히려 아는 사람만 아는 맛집 같은 느낌이 되어서, 인연이 있는 사람들만 올 수 있는 조용한 가게가 될 것 같았다. 찻집을 경영하는 것은 처음이라 시행착오를 겪으면서 꾸려왔다. 가게 안의 '작은 도서관'에서는 책을 빌려주고, 소품도 판매하고 있다. 핸드드립 커피는 앤티크 컵에 담아낸다.

영업시간 외에는 지인이 오면 섬의 가이드를 하거나, 사탕수수밭에서 아르바이트를 하기도 한다. 언젠가는 자신의 밭을 갖는 것이 꿈. 또 숙소를 경영하거나 손님들이 농업 체험을 할 수 있도록 하

고 싶다고. 섬은 여행으로 오는 것과 실제로 사는 것이 전혀 다르기 때문에 체험을 통해 섬사람들의 생활이 어떤 것인지 느껴주었으면 한다.
"작은 마을이기 때문에 자신이 일한 만큼의 결과를 직접 확인할 수 있어요. 여러 가지 일을 할 수 있는 가능성이 있기 때문에 앞으로도 재미있을 것 같아요. 하지만 우선은 제 힘으로 이 섬에 발을 붙이고, 그 다음에 섬에 대해서 생각해나가고 싶어요."
여기는 후쿠기 나무에 둘러싸인 조용하고 작은 찻집. 구리마지마 섬에 켜진 작은 빛이다.

주 소	오키나와 현 미야코지마 시 시모지 구리마 89 沖縄県宮古島市下地字来間89
전 화	090-5208-6742
시 간	10:00~18:00
정기휴일	페이스북에서 확인
주차장	없음
H P	http://www.facebook.com/fu9gi
가는 법	구리마 대교를 건너 직진하다가 호텔 히비스커스에서 우회전

08 Japan's New Islands Trip
미야코 | 구리마지마 | 액세서리

Utatane
우타타네

느긋하고 편안한
액세서리 가게

숍 바로 뒤에 공방이 있다.

미야코지마에서 구리마 대교를 건너 언덕을 올라가면 바로 보이는 하얀 건물. 나무틀 창이 아직 새 것인 건물에 적당한 포인트를 주고 있다. 접이식 나무문에서는 주인의 세심함이 느껴진다. 남국다운 산뜻한 분위기가 인상적이다. 이곳은 우타타네('선잠'이라는 뜻)라는 귀여운 이름의 액세서리숍. 야광조개나 산호, 상어 이빨, 유목 등을 사용해서 직접 만든 작품이 진열되어 있다. 모두 자연 그대로를 몸에 걸친 것 같은 부드러운 분위기. 여성이 착용하고 싶어 할 만한 것도, 남성이 손을 뻗고 싶어 할 만한 것도 있다. 주인 다케시타 요시지 씨는 오사카 출신. "일본 전국을 여행하고 싶어서 이시가키지마 섬에서 출발했는데, 미야코지마에서 돈이 다 떨어져 버렸어요"라며 명랑하게 웃는다. 동남아시아의 것을 중심으로 액세서리나 옷, 소품 등을 취급하는 가게에서 일하면서 '돈이 모이면 다시 여행을 가야지'라고 생각하고 있었다. 미야코지마에 살면서 깨달은 것은 모두가 살고 싶

은 대로, 자신의 마음에 솔직하게 살고 있다는 것. 그래서 매력적으로 느껴지는 사람과의 만남도 많았다. 그런 사람들과 만날 때마다 '내 마음에 솔직하게, 좋아하는 일을 하면서 살고 싶다'는 마음이 더욱 강해졌다. 모비Moby 공방을 운영하고 있던 니지마 도미 씨 밑에서 액세서리 만드는 법을 배우고, 이윽고 독립해 히라라 시에 '트라이브'라는 가게를 열었다. 매출보다도 자신이 좋아하는 것, 만들고 싶은 마음이 우러나서, 솔직하게 만드는 것에 신경 쓰고 있다. 그래도 사람들이 액세서리를 사 준다는 것은 높이 평가해주었다는 뜻. 역시 기쁜 일이다.

미야코지마로 혼자 여행을 떠났다가 남편 요시지 씨를 만났고, 그로부터 1년 후에 이주해왔다는 아내 유카 씨. "꾸벅꾸벅 졸고 싶을 정도로 기분 좋은 가게를 만들고 싶었어요." 부드러운 가게의 분

특별히 신경 쓴 나무틀의 창을 통해 부드러운 빛이 비쳐든다.

위기는 그녀 때문이다. 카운터 안쪽에 집이 있고, 창문 너머에는 공방이 있다. "아이디어가 생각나면 곧장 작업을 할 수 있고, 아이들이 울면 금방 아이들 곁으로 갈 수 있죠. 가족이 함께 지낼 수 있기 때문에 일에도 진지하게 몰두할 수 있어요."
아름다운 바다가 곁에 있고, 숲이 있고, 밭이 펼쳐져 있다. 반딧불을 만날 때도 있다. 자연 옆에서, 가족 옆에서. 그런 생활 속에서 태어나는 액세서리를 착용하면 마음은 한결 상냥해질 것이다.

주　　소　오키나와 현 미야코지마 시
　　　　　시모지 구리마 105-9
　　　　　沖縄県宮古島市下地字来間105-9
전　　화　0980-76-3725
시　　간　10:30～18:00
정기휴일　부정기
주 차 장　있음
가는 법　구리마지마 섬에 들어가자마자
　　　　　나오는 두 번째 건물 오른쪽

09 Japan's New Islands Trip
미야코 | 미야코지마 | 바

Pisara
피사라

지역 주민들이 다니는
휴식처 바

미야코지마를 찾는 많은 사람들이 히라라 시가지에 숙소를 잡는다. 시청 뒤쪽에 니시자토도리라는 길이 있는데, 그곳이 기념품 가게나 술집 등이 늘어서 있는, 섬 제일의 번화가이기 때문이다. 니시자토도리에 있는 편의점 옆에 작은 샛길이 있으니, 혹시 발견하면 어둑어둑하다고 망설이지 말고 발을 들여놓기 바란다. '피사라Pisara'라는 간판이 조심스럽게 나와 있을 것이다. 그 계단을 올라가 보자.

피사라는 '히라라'의 옛말. "관광객은 별로 오지 않죠"라며 주인 가지와라 씨는 웃는다. 대개 섬에 사는 사람들이 저녁을 먹고, 모임을 하고, 하루를 마무리하기 위해 이 가게를 찾아온다. 개점 시간은 저녁 8시이지만, 붐비기 시작하는 것은 밤 12시가 넘어서부터.

가지와라 씨는 니가타 현 출신. 도쿄에서 직장 생활을 하던 시절 여행으로 처음 오키나와에 왔다. 다이빙에 빠진 나머지 다이빙을 직업으로 삼고 싶다는 생각까지 들어, 곧바로 그해 회사를 그만두고 미야코지마를 찾아왔다. 그것이 20대 초반 때의 일. 아름다운 바다 옆에서 일하고 싶었기 때문에, 도쿄에서의 생활에는 미련이 없었다고 한다. 와보니 기대했던 대로였다. 아름다운 바다에 매료되었다. 다른 바다도 보고 싶어서 한때는 케언스나 몰디브에서 다이빙 가이드를 하기도 했지만, 다시 바다 일에 대한 권유를 받고 미야코지마로 오게 되었다.

"바쁘지 않은 이 섬의 리듬이 저한테 맞는 것 같아요. 섬사람을 만나 결혼하기도 했고, 이 섬에서 살기로 결심했죠." 직장인 시절, 밤이 되면 레스토랑이나 바에서 아르바이트를 했다. 돈 때문이 아니라 음식점에서 일하는 것을 좋아했기 때문. 낚싯배나 크루즈선 등을 다루는 일도 즐거웠지만, 체력적으로 힘든 부분이 있었다. 미야코지마에서 오랫동안 일하기 위해서 자신이 할 수 있는 일을 해야겠다고 생각하고, 바를 열었다. 내가 취재하러 갔을 때의 메뉴는 각종 술과 섬 채소로 만든 바냐 카우다(이탈리아식 전골), 미야코 메밀 국수로 만든 제노베제 등. 기본적으로는 술집이고, 요리는 주방에 들어가는 사람에 따라 달라진다. 그래서 이 가게에서 어떤 요리를 만날 수 있을지는 그때그때 다르다.

"섬의 작은 커뮤니티가 기분 좋아요. 동업자들끼리도 서로 연결되어 있고, 굉장히 사이가 좋죠. 자기 가게 영업이 끝나면 친구의 가게에 술을 마시러 가거나 손님을 서로 소개해주기도 해요. 특별히 광고 같은 걸 하진 않지만, 이런 연결 속에서 저절로 홍보가 되는 것 같아요. 경쟁이 아니라 서로 돕는 느낌이에요."

'느긋하게 쉴 수 있는 곳으로 만들고 싶다'는 가지와라 씨의 생각은 가게에 그대로 나타나 있다. 호텔로 돌아가기 전에 잠깐 피사라Pisara에 들러보자. 미야코지마에 살고 있는 것 같은, 기분 좋은 시간을 보낼 수 있을 테니까.

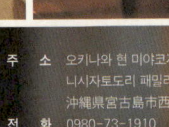

주 소 오키나와 현 미야코지마 시
니시자토도리 패밀리마트 2F
沖縄県宮古島市西里通りファミリーマート2F
전 화 0980-73-1910
시 간 20:00~3:00
정기휴일 수요일
H P http://pisara.ti-da.net

건물 계단을 올라가 천장이 뚫려 있는 안뜰을 지나서 들어가는
약간 특이한 입구. 하루의 끝에 딱 맞는, 차분한 분위기이다.

NATURE

야에야마 사투리로 '야이마'라는 말이 있는데, 10개의 유인도와 그 주변의 무인도로 이루어져 있는 야에야마 제도를 말한다. 이리오모테 이시가키지마 국립공원으로도 지정되어 있으며, 아름다운 자연과 희귀 동물들의 보고(寶庫).

LANDSCAPE

국가명승지로 지정되어 있는 가비라 만(灣)을 비롯해 절경 포인트가 많다. 최남단 하테루마지마 섬의 바다와 별이 가득한 밤하늘, 이리오모테지마 섬의 정글 등 자연의 다양한 표정을 볼 수 있다.

CULTURE

관광지로 발전 중인 이시가키지마 섬은 번화한 곳으로 이주자도 많은 편. 음력 날짜에 맞춰 열리는 풍년제 등 전통 행사가 지금도 소중히 여겨지고 있다.

TRAFFIC

페리 터미널 옆에 숙소를 잡으면 공항과 연결되는 버스나 페리를 이용할 수 있기 때문에 렌터카도 최소한만 사용할 수 있어 편리.

섬으로 가는 법

[비행기]
중부(센트레아), 간사이, 나하 각지에 이시가키지마 직항편이 있다. 신공항이 완성되면서 더욱 편리해졌다. 미야코지마, 요나구니지마 섬으로도 갈 수 있다.

[페리]
이시가키지마까지는 하늘길로. 그 외의 주변 섬에는 '이시가키항 리토 터미널'에서.

2

새로운 일본의 섬 여행

야에야마 제도

이시가키지마 섬이 첫 관문이 되는, 풍부한 개성의 일본 최남서단의 섬들

FOOD

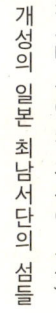

일본의 유명한 브랜드 '이시가키 소'나, 참치 등 갓 잡은 생선도 맛있다. 가늘고 둥근 면발의 매끈한 야에야마 소바는 꼭 먹어보자.

BREAK

다케토미지마 섬이나 고하마지마 섬, 그리고 구로시마 섬, 하토마지마 섬, 아라구스쿠지마 섬 등 아주 작은 섬들도 많으니 '아무것도 하고 싶지 않다'면 그런 작은 섬을 추천.

TRAFFIC

이시가키지마는 야에야마 제도의 첫 관문. 페리 터미널에서는 각 섬으로 가는 페리가 출항하고 있다. 그곳에 있는 것만으로도 여행의 정취가 떠돈다.

야에야마 제도는 오키나와 본섬에서 남서쪽으로 약 400킬로미터 떨어져 있는 일본 최남서단 섬들로, 첫 관문이 되는 것이 이시가키지마 섬. 야에야마 제도의 매력은 뭐니 뭐니 해도 이시가키지마를 거점으로 한 아일랜드 호핑입니다. 이시가키지마의 페리 터미널에서는 야에야마의 섬들로 가는 페리가 출항하고 있습니다. 여러 섬에 발길을 옮겨보면 섬마다의 개성을 느낄 수 있어서 즐겁습니다. 다만 날씨에 따라 결항될 때도 많으니, 사전에 체크할 필요가 있습니다. 이시가키지마는 페리 터미널 주변에 시가지가 펼쳐져 있고, 기념품 가게나 음식점도 풍부. 시가지를 벗어나면 '가비라 만' 등 아름다운 바다와 자연을 볼 수 있는 리조트 아일랜드입니다.

YAEYAMA ISLANDS

개인적으로는 최북단의 히라쿠보사키 등대를 좋아해요. 끝없이 이어지는 수평선과 아름다운 바다는 몇 번을 보아도 마음을 빼앗깁니다. 등대는 그 자체로도 귀여운 피사체니까, 바다를 배경으로 촬영하면 추억의 사진을 찍을 수 있을 거예요.
오키나와에는 조상 숭배와 자연 속 신에 대한 신앙이 뿌리를 내리고 있고, 그 풍습은 오키나와 본섬보다 주변

섬에 더 강하게 남아 있는 것 같습니다. 야에야마의 풍요롭고 강하면서 아름다운 자연은 때로 신의 존재가 느껴지는 듯한 신비로움을 가졌어요. 어쩌면 여행 도중에 신의 존재를 느낄지도 모르죠.
자, 이시가키지마에서 건너갈 수 있는 주변 섬으로 시선을 돌려볼까요. 고속선을 타고 겨우 10분 정도면 갈 수 있는 다케토미지마 섬에는 붉은 기와지붕의 옛날 오키나와 풍경이

있습니다. 별모래로 유명한 가이지 해변이나 곤도이 비치가 유명하죠. 구로시마 섬은 인구(200명 정도)보다도 소의 수가 더 많아요. 넓고 평탄한 풍경 속에서 한가롭게 지내는 소들의 모습을 볼 수 있습니다. 이리오모테지마 섬은 오키나와 본섬에 이어 오키나와 현에서 두 번째로 큰 섬으로, 약 90%가 정글일 정도로 자연이 풍부해요. 이곳에서는 카누나 트레킹 등 자연을 만끽해보실 것을 추천합니다. 식물원으로 되어 있는 유부지마 섬(유부지마 섬은 섬 자체가 식물원 테마공원으로 꾸며져 있어요)의 물소 수레를 타고 건너가는 풍경은 이 섬의 명물입니다. 요나구니지마 섬은 일본의 최서단 섬으로, 다른 섬들과는 달리 깎아지른 절벽에 에워싸인 웅장한 풍경을 볼 수 있습니다. 페리로 가면 네 시간 정도 걸리지만 비행기로 가면 약 삼십 분. 특히 유인도로는 최남단인 하테루마지마 섬. 하테루마

자연 속에 신이 있는 섬

블루라고 불리는 독특한 푸른색의 바다는 야에야마에서도 손꼽히는 아름다움. 처음으로 니시하마 비치를 찾아갔을 때의 감동은 아직까지 마음에 남아 있습니다. 쏟아져내릴 듯한 별로 가득한 밤하늘도 이 섬의 매력입니다. 그 외에도 거의 관광지화되지 않은 하토마지마 섬이나 정기선이 다니지 않는 아라구스쿠지마 섬 등, 섬마다 개성이 있으니 꼭 체험해보세요.

왼쪽에서부터 하테루마 요시미 씨, 사사키 료스케 씨, 가사이 유키 씨, 오바야시 쿄코 씨. 활짝 웃는 얼굴이다.

10 Japan's New Islands Trip
야에야마 | 하테루마지마 | 카페, 잡화, 공방

아야프파미
あやふふぁみ

네 명의 개성이 묻어 있는
식당과 공방

향신료가 사용되어 아시아의 맛도 느껴지는 '섬 두부 참프루'

콘크리트로 지어진 아야프파미는 강한 햇빛을 밀어내는 듯한 하얀색 건물이다. 안으로 들어가면 벽에는 많은 전단지, 책장에는 빼곡한 책, 화이트보드에는 손으로 쓴 메뉴가 있는데, 딱딱한 콘크리트 벽을 사람이 만들어낸 따뜻함으로 덮고 있다. 어딘가 그리움이 느껴지는 식당. 지금은 오바야시 교코 씨, 하테루마 요시미 씨, 사사키 료스케 씨와 가사이 유키 씨 네 명이 꾸려나가고 있다.

원래는 섬 출신인 하테루마 씨가 다른 친구와 '파나누파'라는 카페를 경영했는데, 사정이 생겨 그 파트너가 빠지게 되면서 오바야시 씨와 함께 '아야프파미'로 새롭게 시작했다. 파나누파를 오픈한 당시는 섬에서 점심을 먹을 수 있을 만한 식당이 없었다고 한다. 그래서 오픈하자마자 많은 손님이 몰려들었다. 음식점에서 일한 경험이 없던 하테루마 씨는 요리도, 경영도 연습이 곧 실전이었다. "엄청 오래 기다리게 해서 손님들한테 미안했어요"라고 당시를 회상한다. 하지만 그 당시부터 지금까지 '섬의 맛있는 것을 많은 사람들에게 먹게 하고 싶다'는 마음은 달라지지 않았다. 오늘의 메뉴, 섬 두부 참프루 정식은 오키나와다운 메뉴이면서 아시아의 맛도 느껴진다. 잡곡밥과의 궁합도 끝내준다.

오바야시 씨는 청년해외협력대로 머물렀던 도미니카 공화국에서 귀국해 일본 전국을 여행하고 있었다. 하테루마 씨의 제안을 받고 '흐름에 몸을 맡기듯이' 하테루마지마로 왔다. "하테루마지마는 바람의 섬이에요. 가로막는 게 없어서 늘 기분 좋은 바람이 불죠. 가게에서 파는 건어물은 이 섬의 태양과 바람이 만들어준답니다. 맛있다고 생각하는 저의 마음을 믿고, 손님들에게 제공하고 있어요."

사사키 씨는 요코하마 출신으로 학생 시절에 야에야마를 혼자 여행했다. 그때부터 이 섬이 좋았

콘크리트로 지은 오키나와다운 식당. 강한 햇살이 부드럽게 쏟아진다.

다. 대학을 졸업한 후 놀랍게도 하테루마지마 섬의 민박에 취직했다. 이곳에서의 생활이 마음에 들어 '제대로 이 섬에서 살기 위해' 요코하마에 일단 돌아가 음식점 등에서 '힘든 일'을 경험했다. 3년을 목표로 생각하고 있었는데, 마침 그 무렵에 민박에 일자리가 났다는 연락을 받았다. 다시 하테루마지마로 돌아오기는 했지만, 이 섬에서 오랫동안 살아가려면 '스스로 뭔가 해야' 할 것 같았다. "원래 색깔에 흥미가 있었어요. 사진은 즐겨 찍곤 했지만 그것과는 또 다른 형태로 이 섬의 '색'을 남기고 싶었어요. 그게 염색이었죠."

하테루마 씨는 주로 요리를 담당하고 오바야시 씨는 손님 접대와 경영을, 사사키 씨는 공방을 지킨다. 오바야시 씨가 '가장 감성이 풍부하다'고 말하는 가사이 씨는 주로 손님을 맞으면서 벽면에 그림을 그리거나 가게의 전체적인 분위기를 만들고 있다. 하테루마 씨에게는 15년 전부터 줄곧 하고 싶었던 것이 있었는데, 그것은 식당뿐만 아니

섬의 식물로 염색한 실을 허리에 감는 원시 방직으로 짠다.

라 공방을 갖는 것. 무언가를 만들고, 파는 것. 네 사람이 만나 생겨난 것이 식당 뒤쪽의 '피누무투 공방'. 원시 방직이라는 전통 방식을 이용해 섬의 식물로 염색을 하고 천을 짠다. 네 사람이 만든 작품이 그곳에 진열되어 있다.
이 가게를 보고 있으면 사람이 장소를 만든다는 말이 실감 난다. 섬의 환경이 있고, 네 사람의 개성이 있었기 때문에 태어난 아야프파미는 음식과 직물을 통해 섬과 만날 수 있는 가게.

주　　소　오키나와 현 야에야마 군
　　　　　다케토미초 하테루마 475
　　　　　沖縄県八重山郡竹富町字波照間475
전　　화　0980-85-8187
시　　간　11:30~15:00
정기휴일　부정기
주 차 장　있음
가는 법　항구에서 자동차로 7분.
　　　　　다마시로소, 팔러 민피가 근처에 있음

11 Japan's New Islands Trip
야에야마 | 이시가키지마 | 숙소

Le Lotus Bleu
르 로튀스 블루

작은 마을의 커다란 옛집 숙소

돌담과 망고스틴 나무, 붉은 기와 지붕. 야에야마의 전통적인 분위기가 남아 있는 이시가키지마 섬의 시라호 마을. 돌담을 따라 슬슬 걷다 보면, 지은 지 100년이 넘었다는 히다타카야마 산에서 옮겨진 옛집이 갑자기 나타난다. 전에는 염색공예관이었던 이 건물이 지금은 르 로튀스 블루라는 숙소가 되었다. 이 마을에서는 조금 이질적이다. 일본다운 분위기의 이 고택은 안으로 들어가면 곧 바닥을 파서 만든 화로가 나온다. 숯 때문에 검어진 차분한 나무의 질감이 조용한 공간을 연출한다. 심플한 이 공간은 일본풍의 느낌과 더불어 모던한 분위기도 느껴진다. 이 숙소에서는 일주일 이상의 숙박부터 예약을 받고 있다. 1층에는 넓은 공유 공간도 있다. 많은 시간을 보내다 보면 섬의 삶을 더 또렷하게 느낄 수 있다.

이 숙소를 경영하는 것은 파트릭 베르니오르 씨와 오쿠타니 마이코 씨. '가족이 늘 함께 사이좋고 건강하게 살면서, 자연과 공존해나갈 수 있었으면.' 그런 마음으로 이시가키지마에 왔다.

오쿠타니 씨가 프랑스에 어학연수를 갔을 때 만났다는 두 사람. 파트릭 씨는 어느 날 일을 그만두고 "세계일주를 떠날 건데 당신도 갈래?"라고 말했다고. 엔지니어로서 경력을 쌓아왔지만 한 회사에 틀어박혀 있기보다 새로운 시야를 갖기 위해 떠나고 싶었다고 한다. 그 후 둘이서 동남아시아에서 일본, 중남미 등 세계 각지를 돌았다. 여러 가지 삶의 방식을 접하며 자신들의 삶을 돌아보는 계기가 되었다고 한다. 자신들이 즐겁다고 느끼는 것은 언제일까. 그것은 역시 가족과 자연과 함께 있을 때라는 생각이 들었다.

국제결혼을 한 두 사람이 그 후 일본에서 산 것은 '일본의 삶도 체험하고 나서, 프랑스와 일본 중 어느 쪽에 정착할지 결정하자'는 이유 때문. 파리에 살았을 때 첫째 딸이 아토피 증상을 보인 적이 있었다. 그 후 도쿄에서 몇 년 살던 시절, 그때와 마찬가지로 둘째 딸도 아토피 증상을 보여 얼굴이 새빨갛게 부어올랐다. 조금이라도 원인을 줄이려고 자연이 있는 곳을 찾아 가나가와의 오이소로 옮겼고, 그 후 계속해서 자신들에게 맞는 곳을 찾아다녔다. 그러다가 다다른 곳이 이시가키지마였다. 야에야마는 자연이 풍부했고, 아름다운 바다 옆에 지은 지 100년 이상 된 고택이 있는 것을 발견했다. 그 외에는 아무것도 없는 환경, 직감으로 '여기다'라고 느꼈다.

세계일주 여행에서 돌아온 후 '새로운 일을 하고 싶다'고 둘이서 이야기하곤 했다. 그 무렵부터 그림을 그렸던 것이 게스트하우스다. 현재 사회의 시스템 속에서는 자신들이 그리는 삶을 살 수 없다. 직접 만드는 수밖에 없었다. 레스토랑은 프로가 아니라서 할 수 없지만, 두 사람에게는 어학 실력이 있다. 사는 집과 겸하면 위험 부담도 적다. 그런 생각으로 숙소를 시작하기로 했다.

과거와 미래, 사람과 사람을 이어주는 숙소

소파베드도 있어 공유 공간에서도 편안히 쉴 수 있다.

Le Lotus Bleu

두 사람에게는 '이음'에 대한 꿈이 있었다. 르 로튀스 블루에 사람들이 모이고, 그곳에서 정보를 교환하며 사람과 사람을 잇고, 더 나아가 지역과 사람을 이을 수 있기를 바랐다. 현재는 반수 이상이 외국에서 온 손님이다. 국제결혼을 한 두 사람이기 때문에 더욱 일본과 다른 나라의 이음줄 역할을 하고 싶다는 마음이 있다. "과거가 있고, 현재가 있고, 그걸 이해해야만 미래를 생각할 수 있는 거죠. 시간, 사람, 땅, 그 연결 고리 속에 내가 있다, 그런 걸 느낄 수 있는 숙소로 만들고 싶어요."

여행 중 일주일 동안 같은 장소에 머물기 때문에 얻을 수 있는 것이 있다. 르 로튀스 블루는 그런 것을 깨닫게 해준다.

주　　소	오키나와 현 이시가키 시 시라호 148 沖縄県石垣市白保148
전　　화	0980-87-5576
주 차 장	있음
숙　　박	6박 7일부터 57,000엔(트윈)
H　　P	www.lelotusbleu.asia
가 는 법	공항에서 390호 시라호 방면, 시라호 초등학교 앞 버스 정류장 옆 A-11에서 좌회전, 약 200m

파트릭 씨와 마이코 씨. 두 사람의 온화한 인간성도 이 숙소의 매력이다.

12 Japan's New Islands Trip
야에야마 | 요나구니지마 | 잡화

잡화 사쿠라
雜貨さくら

최서단 섬의
수공예 잡화점

요나구니지마 섬은 이곳 사투리로 '두난치마'라고 한다. '두난'이란 '도난(渡難)'이라는 뜻으로, 전에는 먼 바다의 높은 파도 사이에 있어 건너가기 어려운 외딴 섬이었다고. 지금은 나하나 이시가키지마에서 비행기로 갈 수 있어, 일본의 동서남북 극단 중에서 유일하게 일반 교통기관으로 갈 수 있는 서쪽 끝의 섬. 이시가키지마보다 대만이 더 가까워서 맑은 날에는 대만의 모습도 볼 수 있다.

가게 안의 대부분은 이나가와 씨가 직접 만든 작품. 부드러운 햇살이 가득하다.

이 섬의 소나이라는 작은 마을의, 주택이 늘어서 있는 (그래 봐야 몇 채 안 되지만) 한 모퉁이에 녹아들듯 잡화점 사쿠라가 있다. 함석지붕에 목제문. 안으로 들어가면 정면에 작은 공간이 나온다. 그곳에서는 이나가와 루미코 씨가 직접 만든 요나구니 직물, 풀과 나무로 염색한 천 가방과 숄, 카메라 스트랩 등이 판매되고 있다. 집의 마당, 때로는 산에서 채취한다는 식물들로 물들인 빛깔은 한없이 다정하다. 석류나 망고스틴은 노란색, 고무나무는 연한 핑크색이 된다. 요나구니지마의 수제 비누나 나무 스푼, 섬의 할아버지가 만들었다는 이투(비로야자 잎) 우부루(물통) 등 섬이 아니면 보기 힘든 소품들도 진열되어 있다.

루미코 씨는 홋카이도 출신으로, 원래는 건축 설계 일을 했었다. 바쁜 하루하루에 지쳐 '나는 어떤 삶을 살고 싶은 것일까' 고민하던 중, 피로까지 쌓여 자동차 사고를 일으키고 말았다.

궁지에 몰려 있던 때 요나구니지마의 설탕공장에

즐겁게 직조기를 다루는 이나가와 씨. 삶도 수공예도 이 장소에서 이루어진다.

조심스레 천천히 만들어온 삶과 가게

아르바이트를 하러 간 친구가 "좋은 곳이야"라며 오라고 전화해주었다. '일단 모든 걸 제로로 만들어보자. 내 삶을 생각하고 다시 살펴볼 시간이 필요해'라는 생각에 회사를 그만두었다. 도면을 그리는 도구도 버리고 요나구니지마로 건너갔다. "한번 느긋하게 지내보자. 시야가 좁아진 건 아닌지, '신호'를 놓친 건 아닌지, 주위를 제대로 둘러보면서, 주위의 목소리를 들으면서 천천히. 지금까지와는 정반대로 살아보는 거야."

텐트를 들고 요나구니지마에 도착한 당일, 아는 사람의 소개로 집을 빌릴 수 있었다. 그것이 지금도 살고 있는 집. 그때는 이주 동료인 세 여자와 공동생활을 했다. 얼마 지나지 않아 마찬가지로 이주해 온 남편과 결혼해서 아이를 낳았다. 요나구니 직물을 배우고, 육아로 바쁘게 지내는 나날이 일단락될 무렵 잡화점을 오픈했다. 가게 이름

잡화 사쿠라

Japan's New Islands Trip | 야에야마 | 요나구니지마 | 잡화 | 12

자택 앞에 증축한 잡화점 공간. 좁지만 온기로 넘친다.

은 딸의 이름에서 따왔다. "마당이 있는 단독주택에서 살면서 밭을 가꾸고, 개를 키우고, 산책을 가요." 삿포로를 떠날 때 그리고 있던 생활이, 어느새 실현되고 있었다.

잡화점 공간의 안쪽은 집이고, 다다미방 안쪽의 툇마루 공간에 직조기가 있다. 왼쪽에는 부엌이 있고 안쪽의 마당에는 염색용 공간이 있다. 잡화점 부분을 증축했을 뿐만 아니라 화장실을 만들거나, 목욕탕의 타일을 붙이는 등 조금씩 집에 손을 대가며 삶을 만들어왔다. 오래된 집이지만 하나하나가 단정하게 정돈되어 있고, 아름다움마저 느껴지는 공간. 진정한 삶이란 이런 것이라고 깨우쳐주는 듯한, 한눈에 봐도 매우 아껴가며 조심스럽게 대하고 있음이 전해진다. 그래서 잡화점 사쿠라는 편안하다. 잡화점을 편안하다고 말하는 것은 이상한 표현일지도 모르지만, 어쨌든 커피를 한 잔 마시고 싶어질 만한, 그런 곳이다.

주 소	오키나와 현 야에야마 군 요나구니초 요나구니 397 沖縄県八重山郡与那国町字与那国397
전 화	0980-87-2779
시 간	13:00~일몰
정기휴일	부정기
주 차 장	있음
H P	http://www.sakurazakka.com
가는 법	현도 마을 안 동쪽으로 첫 번째 신호에서 우회전, 디바루가와 방향으로 왼쪽 다섯 번째 신호에서 좌회전(간판 있음)

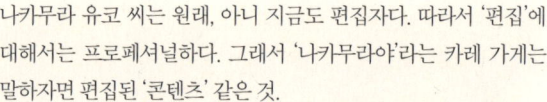

13
Japan's New Islands Trip
야에야마 | 이시가키지마 | 카레

나카무라야
中村屋

맛을 '편집'한 카레 가게

나카무라 유코 씨는 원래, 아니 지금도 편집자다. 따라서 '편집'에 대해서는 프로페셔널하다. 그래서 '나카무라야'라는 카레 가게는 말하자면 편집된 '콘텐츠' 같은 것.

커리어의 시작은 스키 관련 잡지로, 그 후 28세 때 이직해 요리 중심의 생활 잡지 '오렌지페이지'에서 근무했다. 이윽고 관리직이 되었지만 역시 자신은 현장에서 작업을 하고 싶다는 생각이 들어 38세에 독립, 프리랜서가 되었다. 서점의 요리책 코너에 가면 지금도 흔히 볼 수 있는 《기본의 일식》 등 '기본의 ㅇㅇ(요리)' 시리즈를 기획해 히트시켰고, 순조롭게 커리어를 쌓아왔다. 연간 12~13권을 담당하기도 하고, 때로는 동시 진행으로 광고 일도 맡는 등 바쁜 나날을 보내왔다. 그래도 '50세가 되면 인생을 바꾸자'고 결심하고 있었고, 그때는 도쿄에 다닐 수 있는 가까운 곳이 아니라, 단호하게 구분을 짓기 위해 먼 곳으로 갈 생각이었다. 그 장소로, 일 때문에 몇 번이나 간 적이 있던 이시가키지마를 선택했다. 그리고 이 가게의 준공식은 그녀의 50세 생일날이었다.

"나하는 도쿄와 별로 분위기가 다르지 않을 것 같았어요. 요리책을 만들 때 도와주신 가게가 몇 군데 있기도 해서, 이 섬을 찾아왔죠. 따뜻하고, 붉은 기와가 좋아요." 그렇게 이주할 곳을 정한 나카무

라 씨. "섬에서 뭔가 하지 않으면 언제까지나 관광객 같은 기분이에요. 지역에 뿌리를 내려야 한다고 생각했어요. 가게를 하면 여러 사람들과 만날 수 있고, 섬 사회와 관계를 맺을 수 있죠. 그게 섬에서 살아가기 위해서는 아주 중요하다고 생각해요." 요리책 편집을 하면서 보고 들은 경험을 살리려고 카레 가게를 하기로 했다. 그곳은 눈앞의 초등학교에서 아이들의 목소리가 기분 좋게 들리는, 오키나와다운 붉은 기와지붕의 가게. 추천 메뉴는 자신의 밭에서 수확하거나 오키나와에서 생산되는 채소를 사용한 '건강 채소 카레'. 당근과 오크라, 호박과 가지. 큼직하게 자른 채소가 눈에 들어온다. 카레는 산뜻하면서도 확실하게 향신료를 사용하고 있다. 오키나와다움을 공간으로 연출하면서 푸드 마일을 줄여 지역 생산물을 고집하고, 무농약 채소를 사용한다. 인기 품목인 카레빵은 직접 만든 저가당 빵. 제철 재료를 제대로 파악하고 있는 점은 과연 요리책 편집자답다. 오키나와 요즘 사람들이 원하는 것이 잘 조합되어 있다.

이시가키지마는 원래 이주자가 많은 섬이기 때문에 밖에서 들어오는 사람에 대해 관용적이라고 한다. "이왕 왔으니까 즐겁게 살고 싶어요.

스파이시하면서도 산뜻한 맛의 '건강 채소 카레'

직접 만든 저가당 빵인 카레빵도 인기 품목이다.

가게를 꾸려가는 것으로 섬과 이어질 수 있다

붉은 기와지붕의 가게 안은 나뭇결을 기조로 해 차분한 분위기를 연출한다.

이 섬은 재미있는 사람들이 많고, 개방적이에요." 5분이면 바다까지 갈 수 있고, 밤하늘에는 별이 깜박이며, 거리에는 늘 선명한 색깔의 꽃이 피어 있다. 개는 한 시간 정도 느긋하게 산책시킨다. 이 섬에서의 생활이 그런 나날의 소소한 소중함을 가르쳐준다. 지금도 책을 만드는 일은 계속하고 있다. 일로 도쿄에 갈 기회가 간혹 있지만, 그것이 "이시가키지마에서의 생활에 좋은 자극이 돼요. 또 도쿄와 이 섬, 두 곳 다 저에게는 편안한 곳들이에요."라고 나카무라 씨는 말했다.

주 소	오키나와 현 이시가키 시 이시가키 215 沖縄県石垣市石垣215
전 화	0980-87-5075
시 간	11:30~14:30(저녁은 예약만)
정기휴일	수요일
주 차 장	있음
가는 법	이시가키 초등학교 서문 앞

14 | Japan's New Islands Trip
야에야마 | 하테루마지마 | 잡화, 카페

나카소코 상점 shop+café
仲底商店 shop+café

섬에 왔다는 '증거'를 기념품으로

마을을 빠져나와 섬의 남쪽으로 가면, 살림집들의 불빛도 거의 사라진다. 쏟아질 듯한 별로 가득한 밤하늘을 볼 수 있는 곳. 나카소코 상점은 바로 그 안에 있다. 민박집 호시조라소匕(星荘)와 같은 건물의 1층에는 오리지널 티셔츠와 손수건, 엽서 등을 파는 '가게'가 있고, 조금 떨어진 곳에 있는 '갤러리'에는 섬의 생산자들이 만든 것을 중심으로 액세서리 등이 진열되어 있다. 가게는 마을의 풍경에 가만히 녹아들어 있고, 갤러리는 조용히 서 있다.

주인 나카소코 미키 씨는 나가노 현 출신. 나가노 현에서 만난 남편의 본가인 하테루마지마 섬으로 이사를 온 것은 벌써 13년 전의 일이다. 유화를 배운 적이 있다는 나카소코 씨는 어느 날 아이들의 그림이 '게임 화면 같은, 기분이 전해져오지 않는 그림'이었던 것에 충격을 받았다고 한다. 그 후

아이들이 생기로 넘치는 섬에서

나가노 현에서 이주해, 이 가게를 꾸려나가고 있는 나카소코 씨

하테루마지마 섬에서 개최된 학습 발표회에서 생명력이 넘치는 섬의 아이들과 그 아이들이 그린 그림을 보았다. 교육을 생각하면, 아이의 감성이 자연스럽게 키워질 것 같은 풍부한 자연이 있는 이 섬에서 사는 것이 좋을지도 모른다. 그렇게 생각하고 있던 때에 마침 사정이 생겨 시댁이 있는 하테루마지마로 돌아오게 되었다고 한다. 처음으로 경험하는 섬의 생활은 물론 쉽지 않았다. 편의점도 없어 페리가 결항되면 물건을 살 수도 없다.

그렇기 때문에 사람들은 서로 도우며 살고 있다. 누군가가 장을 봐주거나 자신을 위해 시간을 써주는 것이 얼마나 고마운 것인지 절실하게 느낄 때가 많다. 그래서 '지금까지 나는 꽤 오만했구나' 부끄러운 마음이 든다고.

원래는 나가노 현의 오부세에서 지역 사회 활성화에 관한 일을 하고 있었다. 아이들의 교육이 안정되자 섬의 지역 사회 활성화에 관심이 생기게 되었다. 섬에 온 사람들이 즐길 수 있는 장소를 만

나카소코 상점 shop+café

들고 싶다는 생각으로 시어머니가 운영하는 호시조라소에서 창고로 쓰고 있던 한 모퉁이를 조금씩 정리해서 '나카소코 상점'을 시작했다. 처음에는 지우개 도장으로 직접 만든 엽서를 테이블에 늘어놓은 정도였다. 그래도 엽서는 일주일 만에 다 팔렸다고 한다. "모두 이 섬에 왔다는 증거를 갖고 싶어 하는 거죠." 그 후 손수건이나 티셔츠 등 오리지널 상품을 늘리고, 창고를 조금씩 정리해 가게의 규모를 키워나갔다. 오픈한 지 9년이 지난 지금은 가게 안에 수많은 상품이 진열되어 있고, 안쪽에는 카페 공간도 있다. 아와모리 젤라토는 이 가게의 명물이다. 섬의 할아버지가 도와주어서 지은 갤러리는 자신이 좋아하는 공간이 되었다. "하나의 통일된 세계관을 만들어나가면, 사람들은 모이게 되는 법이죠."

페리가 자주 결항되는 탓에 하테루마지마 섬은 오고 싶어도 좀처럼 올 수 없는 사람도 많다고 한다. "하테루마지마에 올 수 있었던 것에는 분명히

이곳에 온 이유가, 분명히 있다

살짝 취할 것 같은 '아와모리 젤라토'

카페 공간의 카운터 자리에서 깜박 조는 것도 좋다.

나카소코 씨와 직원 가지야 씨

시어머니가 경영하는 숙소의 창고를 개조한 잡화점 공간

뭔가 이유가 있고, 이곳에 온 게 인생의 고비가 되는 사람도 많아요." 이 섬에는 사람의 손길이 닿지 않은 자연이 남아 있다. "인간과 자연이 너무나도 동떨어져 버린 세상에서, 하테루마지마의 존재는 귀중하다고 생각해요. 자연의 은혜를 느낄 수 있고, 자신이 무엇을 하고 싶은지를 알 수 있는 섬이에요. 섬에 온 사람들이 느낄 수 있도록 돕는 장소로 만들고 싶어요." 이상하게 마음이 가벼워진다. 그것이 섬의 힘이고, 나카소코 씨의 인품이다. 물건을 사는 것만이 아니라 '이 섬에 온 증거'를 얻을 수 있는, 신기한 가게.

주 소	오키나와 현 야에야마 군 다케토미초 하테루마 85 沖縄県八重山郡竹富町字波照間85
전 화	0980-85-8130
시 간	10:00~12:00/14:00~18:00 (변동 있음)
정기휴일	부정기
주 차 장	없음
H P	http://nakasoko.com
가는 법	항구에서 도보 10분

15 Japan's New Islands Trip
야에야마 | 이리오모테지마 | 양봉

우미와로 야마와로
うみわろやまわろ

섬의 꽃에서 채취되는 벌꿀

마당에 놓여 있는 벌통. 주위의 꽃에서 꿀을 얻는다.

야에야마의 풍요로운 자연의 은총

이리오모테지마 섬은 야에야마 제도 최대의 섬이다. 면적의 90%가 아열대 자연림으로 덮여 있는 풍요로운 자연의 섬이다. 사람이 사는 곳은 해안선의 얼마 안 되는 땅으로 한정되어 있다. 호시타테 마을은 400년 이상의 역사를 가진 오래된 작은 마을이다. 집집마다 바싹 기대다시피 망고스틴 나무가 늘어서 있고, 돌담길을 빠져나가면 그곳에는 곧바로 아름다운 산호의 바다가 펼쳐진다.

"벌의 생활에 인간이 맞추는 거예요. 벌이 스스로 살게 하고, 인간은 부분적으로 도와주는 거죠." 이 마을에 사는 나카사카 마사코 씨와 준 씨 부부의 이야기다. 4년에 걸쳐 직접 옮겨지은 옛집에서 양봉을 하며 세 아이와 함께 살고 있다. 겨울의 압각목 꽃, 봄의 도깨비바늘과 멀구슬나무, 타마누 꽃, 가을의 수유나무 등 계절별 식물에서 나카사카 씨네 벌은 꿀을 가져온다. '백화밀百花蜜'이라고 부르는 그 꿀은 계절별로 식물이 바뀌듯이 그 맛도 바뀌어, 이 섬의 풍부한 자연 그 자체와 같은 부드러운 달콤함과 깊은 맛을 느끼게 해준다.

나카사카 씨는 20대 초반에 오키나와로 이주해, 한동안 이리오모테지마의 사탕수수밭에서 일했다. 우연히 오두막을 발견하고 이 마을에서 살기 시작했지만, '자신이 추구하는 삶을 살 수 있는 곳'이라고 나카사카 씨는 말한다. 자신들이 먹을 만큼의 밭을 경작하고, 말을 기르고, 닭을 치는 삶. 이곳에는 긴 역사와 문화가 짙게 남아 있어, 두 달에 한 번은 마을 사람들이 모두 모여 제사를 올린다. 집을 지을 때도 주민들이 힘을 합한다. 그래서 나카사카 씨의 집을 짓기까지 몇 년 동안은 마을 사람들이 도와주면서 밤이 되면 술을 마시는 생활을 했다. "지난 3년은 매일 연회를 열었던 것 같아요(웃음)."

이 마을에는 숙박시설이 있는데, 어느 숙박객의 의뢰가 있어 지난 몇 년은 '우미와로 야마와로'라는 이름의 자연 가이드를 했다. '이것저것 다 체험

주 소	오키나와 현 야에야마 군 다케토미초 이리오모테 987 沖縄県八重山郡竹富町西表987 (양봉, 투어)
판 매	현내 한구미 이시가키 공항, 숙박시설 등에서 구입할 수 있습니다. 자세한 내용은 상담해 주세요.
전 화	0980-85-6769
H P	http://www.mco.ne.jp/~umiwaro/

벌을 기르고, 닭이 있고, 말이 있다.
작은 마을에 친숙해지고, 직접 지은 집에서 산다.
자연과 함께.

자신들의 손으로 옮겨지은 옛집에서 갓 딴 벌꿀을 맛본다.

풍족한 자연과의 삶

해보세요!'가 아니라 하루 한 팀 한정으로 '이 섬의 사람들처럼 아무도 없는 해변에 멍하니 있거나, 마음껏 놀며 시간을 보내보세요'라는 주제로. 이 느긋한 투어는 투어 이용객들로부터 호평을 받았고, 정신을 차려 보니 연일 예약이 들어왔다. "좀 심하게 바쁘네." 부부는 상의 끝에 자연 가이드하는 지인이나 단골손님으로만 한정하기로 했다. 그리고 지금 힘을 쏟고 있는 일은 양봉이다.
"이렇게 살다 보면 행복하게, 평화롭게 살아갈 수 있겠구나. 이 마을의 삶을 보고 그렇게 느꼈어요. 필요 이상으로 돈을 벌고 싶다고는 생각하지 않아요. 시간이 나면 뭔가를 만들거나 낮잠을 자고 싶어요(웃음)."

분명히 섬의 자연을 안내하는 것도, 밭을 경작하는 것도, 벌꿀을 따는 것도 나카사카 씨의 삶 그 자체다. 계절에 따라, 주위의 환경에 따라 그 맛은 달라지고, 어쩌면 한 번도 똑같은 것은 딸 수 없을지도 모른다. 하지만 결코 변하지 않는 것은 풍족한 자연과의 삶 속에서 채취되는 것이 아니면 맛볼 수 없는, 다정하고 부드러운 맛.

16 Japan's New Islands Trip
야에야마 | 구로시마 | 카페, 잡화

living cafe & zakka
ICONOMA
이코노마

편안한 이코노마

인구 약 200명. "거의 다 아는 사이예요." 이런 섬에서의 삶이 어떤 것인지, 나는 좀처럼 상상할 수가 없다. 답답하지는 않을까, 불편하지는 않을까. 그런 의문을 날려보내듯, 그녀는 이렇게 말하며 웃었다.
"파리의 아틀리에에서 바쁘게 지내던 시절에, 이렇게 햇빛도 보지 못하는 생활을 해도 되는 건가, 싶었죠. 제가 살고 싶은 곳에서 살아가고 싶어요. 구로시마와의 만남은 신이 주신 선물이에요."

식기류도 귀여운 베트남 커피

구로시마는 이시가키지마 섬에서 고속선 또는 페리를 타고 삼십 분 정도. 둘레는 13킬로미터 정도밖에 되지 않고 신호등도 없다. 자전거로 설렁설렁 관광하기에 딱 좋은 크기로, 평탄한 흙길에는 목장이 펼쳐져 있고, 사람보다 소가 더 많다. 그 섬의 이코 마을에 이코노마CONOMA라는 카페가 있다. 커다란 나무 아래를 지나 미닫이문을 열고 안으로 들어가면, 그곳에는 아시아 같기도 하고 유럽 같기도 한 독특하고 이국적 분위기의 공간이 기다리고 있다. 들어가서 오른쪽의 하얀 벽에는 수많은 사진이 장식되어 있고, 전체를 연한 녹색의 벽이 시크하게 감싸고 있다. 이 카페를 경영하는 것은 가네시로 다마미 씨. 사이타마 현 출신으로, 5년쯤 전에 결혼을 하면서 구로시마 섬에 왔다.

그녀는 열아홉 살 때 패션을 공부하기 위해 프랑스로 갔다. 19세기 파리에서 활약했던 프레데릭 쇼팽을 좋아한 것이 파리를 고른 이유.

아시아 같은, 어딘가 이국의 분위기가 떠돈다.

거기에서 10년쯤 살다가, 어느 날 친구를 방문하러 이시가키지마에 왔는데 때마침 풍년제를 하고 있어서 구로시마 섬을 찾아가게 되었다. 가네시로 씨의 눈에 비친 그 섬의 풍경은 마치 일본이 아닌 듯해 충격을 받았다고 한다. 그 후 리조트 아르바이트를 하러 구로시마를 다시 찾았을 때, 남편과 만나 결혼하게 되었다. 그리고 파리에서 구로시마로 이주.

"도시에는 정보가 너무 많아서 나답게 살 수 없다고 느꼈어요. 구로시마는 일본이 아닌 것 같은 멋진 분위기지만 일본어가 통해서 편하죠(웃음)."

파리에서 살았던 아파트 근처의 돌계단은, 피아노를 배울 때의 악보 표지에 있던 계단과 같은 장소에 있는 것이었다. 가네시로 씨에게는 구로시마의 삶과 사람들을 찍은 오래된 사진집이 있는데, 그중에서도 특히 좋아하는 사진 중 하나가 어부 할아버지의 사진. 나중에 안 사실이지만 남편이 그 할아버지의 손자였다고 한다. 매우 신기한

가게 입구 바로 앞에 있는 해먹

living cafe & zakka ICONOMA   야에야마 | 구로시마 | 카페, 잡화   16

'인연'. 하지만 그런 인연이 있다는 것은 '이 땅이 자신을 부른다'는 뜻일지도 모른다.
파리에 살 때, 친구가 놀러오면 요리나 케이크 등을 만들어 대접하곤 했다는 가네시로 씨. 카페 문화가 뿌리내린 도시에서 살다 보니 자연스레 카페에 대한 동경이 생겨, 구로시마 섬에 온 후 자신의 카페를 열었다. 그것도 자신답게 살기 위한 하나의 수단. 여러 가지 요소가 있는 가운데 묘한 통일감으로 편안한 분위기를 만들어내는 것은 가네시로 씨가 다른 정보에 현혹되지 않고, 제약받지 않고, 순수하게 '자신다움'을 표현하고 있기 때문일 것이다.

주 소	오키나와 현 야에야마 군 다케토미초 구로시마 1409-1 沖縄県八重山郡竹富町字黒島1409-1
전 화	0980-85-4855
시 간	11:00~17:00
정기휴일	부정기
주차장	있음
가는 법	항구에서 자전거로 15분, 이코 선창에서 2분

주민 장터를 주재하는 신조 미호 씨와 이코 선창에서

섬으로 가는 법

[비행기]
세토 대교와 가까운 것은 오카야마 공항이나 다카마쓰 공항. 시마나미 가도 방면이라면 마쓰야마 공항도 있다. 아와지시마 섬으로 가려면 간사이 공항에서 이용가능.

[페리]
쇼도시마 섬을 비롯해, 배가 아니면 건너갈 수 없는 섬도 다수. 세토우치는 항로가 많으니 꼼꼼하게 조사할 것.

쇼도시마 올리브 공원에 있는 그리스 풍차. 바다를 향해 서 있는 모습이 마치 외국 같은 분위기를 연출한다. 포토제닉 스폿.

Shodoshima

CULTURE
소박한 항구 도시의 풍경이나 작은 산의 멋진 계단식 밭 등 사람과 자연이 공존해 온 풍경을 많이 볼 수 있다.

Angel road

ART
예술의 섬으로 유명한 '나오시마'와 나오시마를 중심으로 3년에 한 번 '세토우치 예술제'가 개최되는 등 예술에 의한 지역 부흥도 활발.

Omishima

shimanami kaido

Oshima

TRAFFIC
혼슈와 시코쿠를 잇는 루트는 고베와 도쿠시마 현의 나루토를 잇는 나루토 해협, 오카야마 현 구라시키와 가가와를 잇는 세토 대교, 이마바리와 오노미치를 잇는 세토우치 시마나미 해도(海道) 세 개가 있고, 혼슈에서 부담 없이 건너갈 수 있는 섬도 많다. 다리를 건널 때는 강풍에 주의할 것.

Uzushio

NATURE

1934년에 운젠, 기리시마와 함께 일본에서 최초로 국립공원으로 지정되었다. 크고 작은 1,000개의 섬들로 이루어진 내해 다도해 경관이 특징.

FOOD

쇼도시마 섬 하면 올리브. 그 외에도 소면과 간장, 참기름이나 이마바리 오미시마 섬의 감귤류, 아와지시마 섬의 도미와 갯장어와 같은 어패류, 아와지 쇠고기 등 어쨌든 맛있는 것이 많다.

CULTURE

《일본서기》에 따르면 아와지시마 섬은 일본의 발상지다. 또 일본에서 가장 오래된 신사 '이자나기 신궁'이 있는, 주목할 만한 지역이다.

3

새로운 일본의 섬 여행

세토 내해의 섬

멋진 경관, 음식과 예술,
볼거리가 가득한 크고 작은 여러 섬들

080 - 081

긴키, 주고쿠, 시코쿠, 규슈에 에워싸여 있는 세토 내해. 이곳에는 크고 작은 섬이 3,000개나 있어 차례차례 모습을 나타내는 섬들을 바라보는 경관은 세계적으로도 높은 평가를 받고 있을 정도. 운젠, 기리시마와 함께 1934년 일본에서 최초로 국립공원으로 지정된 곳이기도 합니다.

기후는 온난하고 먹을 것도 풍부하지요. 오카야마 현과 가가와 현을 잇는 세토 대교나 오나루토교, 세토우치 시마나미 해도(海道) 등 다리로 건너갈 수 있는 섬도 많아서, 가벼운 마음으로 여행을

떠날 수 있는 것도 매력 중 하나. 이쓰쿠시마 신사로 유명한 '미야지마'나 예술로 섬을 활성화시킨 '나오시마' 등 매력적인 섬은 수없이 많습니다.

고베에서는 아카시 해협 대교, 도쿠시마와는 오나루토교로 연결되어 있는 세토 내해에서 가장 큰 섬 '아와지시마'. 《고사기》,《일본서기》에 따르면 오야시마(일본 열도)에서 최초로 생긴 섬이고, 파워 스폿으로도 주목받고 있습니다. 또 예로부터 조정에 식자재를 헌상해온 것으로 유명할

SETOUCHI

정도로 식자재도 풍부. 온천도 추천할 만합니다. 자연이 풍부한 소박한 풍경이 많이 남아 있으면서도 도시와도 가까워서인지 세련되고 매력적인 가게가 많은 것 같아요. 면적이 넓어서 '섬 여행의 느낌'은 적지도 모르지만, 몇 번을 찾아가도 질리지 않을 정도로 매력이 넘치는 섬이죠.

올리브의 섬으로 유명한 쇼도시마 섬은 혼슈, 시코쿠의 여덟 개 항구와 연결되어 있습니다.

단풍의 명소인 간카케이 계곡이나 엔젤로드 등의 경승지 외에, 예로부터 간장이나 소면, 참기름 등의 특산품으로 유명하고, 연간 약 백만 명이나 되는 사람들이 찾는 관광의 섬입니다. 사계절에 따라 변해 가는 풍경은 아름답다고밖에 말할 수 없어요. 쇼도시마 올리브 공원에는 그리스 미로스 섬에서 보내온 풍차가 서 있어, 마치 외국 같은 분위기. 멋진 카페도 많으니 꼭 카메라를 들고 여행해주셨으면

음식도 문화도 풍부하고 매력이 넘친다

합니다.
이마바리에서 오미치까지의 70킬로미터에 걸쳐, 일곱 개의 다리로 이루어진 '시마나미 해도'. 최근에는 사이클리스트들에게 매우 인기가 있습니다. 아름다운 풍경을 바라보면서 상쾌하게 자전거를 타는 사람들의 모습을 흔히 볼 수 있습니다. 어디나 자연이 풍부하고 풍광이 아름다워서 볼거리가

풍성하지요.
이번에 소개할 오시마 섬과 오미시마 섬은 이마바리 시입니다. 오미시마 섬에는 일본의 수호신으로 불리는 '오야마지미 신사'가 있고, 그 경내에 있는 신목(神木)은 수령이 약 2600살이라고 하네요. 신의 섬으로 알려져 있습니다.
세토 내해는 몇 번이든 여행하고 싶어지는, 몇 번이고 다시 가도 또 다른 매력과 깊은 정을 느끼게 하는 지역입니다.

17 Japan's New Islands Trip
세토우치 | 오시마 | 빵, 카페

Paysan
페이잔

삶과 빵,
자신들의 손으로 만드는 것

처음으로 이 가게를 찾은 것은 벌써 7년 전의 일. 전날은 마쓰야마에서 1박하고 새벽부터 찾아가 잡지 취재를 했다. 페이잔이 있는 오시마 섬은 이마바리에서 시마나미 해도를 건너면 바로다. 요시우미초 혼조라는 작은 마을의 좁은 길을 올라가면, 모토메 미쓰아키 씨와 유코 씨 가족이 사는 곳이 나온다.

새벽의 어스름 속, 굴뚝에서는 연기가 피어오른다. 미쓰아키 씨가 친구의 도움을 받아가며 직접 만든 벽돌가마에 장작을 지피고 빵을 굽는다. 유기농 건포도로 발효시킨 수제 천연 효모를 사용해, 심플한 재료로 만든 빵. 캄파뉴나 노아레즌, 호두 파다르와 멜랑제. 해바라기 씨를 뿌린 빵이나 여러 종류의 베이글까지, 소박하면서도 힘찬, 자연을 느끼게 하는 것들뿐.

미쓰아키 씨는 자연 속에서 영위하는 자급자족의 생활을 찾아 이주했다. 본가가 있는 규슈도 생각했지만, 집 뒤쪽에는 밭을 만들 수 있는 공간이 있고 가까운 곳에 바다도 있어 첫눈에 반했다. 고베에서 살다가, 와카야마의 빵집에서 3년 정도 일한 후의 일이었다. 친구들도 빵집을 열라고 등을 떠밀어주어 용기를 냈다. 오래된 단층집을 자신들의 손으로 개장하고, 벽돌 가마와 빵을 판매할 공간을 만들었다. 7년쯤 전에 처음 찾아왔을 때는 빵집이라고 해봐야 그저 집 앞에 테라스와 간

직접 만든 빵집, 카페 공간. 붉은 문이 표식이다.

갓 구운 빵이 부드러운 아침 햇살을 받고 있다.

어스름 속, 자택 안쪽에 있는 작업장에서

단한 지붕이 있을 뿐이었다. 지금은 벽과 카운터 자리가 생겼다. 갓 구운 화덕피자도 먹고 갈 수 있다. 주 하루였던 영업은 주 이틀로 늘었다. 가게가 쉬는 날도 장작을 옮기거나, 자신들의 삶과 가게의 상황에 맞춰 집을 개장하거나, 빵을 만들 준비를 하느라 바쁘다. 뒤쪽 밭에는 닭장이 있지만 밭은 아직 완성되지 않은 걸 보면 처음 이주해왔을 무렵에 그렸던 '자급자족' 생활은 하지 못하고 있는지도 모른다. 섬에서 산다는 것은 경제적인 면에서도, 인간관계 면에서도 힘든 일이 많이 있을 것이다. 그래도 내가 본 페이잔은 이 섬에 확실하게 뿌리를 내린 삶을 꾸려가고 있는 것 같다.

빵을 만드는 것은 삶 그 자체이다. 집을 짓고, 가족과 함께 있는 것과 같다. 마치 삶과 일이 서로 녹아들어 있는 것처럼. "어째서 이렇게 힘든 일을 하게 된 걸까요" 하고 웃으면서 이야기하는 미쓰아키 씨의 빵은 살아가는 것에 솔직하고, 정직하고, 살아갈 힘으로 넘치고 있다. 당시 초등학생이었던 장남 다이치 군은 도쿄의 대학에 진학했다. 달라진 것도 물론 많지만 두 사람의 생활을 소중히 여기고 싶다는 마음이 변하지 않았기 때문에, 내 눈에는 여전히 이 가게가 아름답게 비친다.

주　소	에히메 현 이마바리 시 요시우미초 혼조 477 愛媛県今治市吉海町本庄477
전　화	0897-84-4016
시　간	11:00~17:00
영 업 일	목 · 토요일
주 차 장	있음
H　P	http://www.q-paysan.com
가 는 법	버스 정류장 쓰쿠라 입구, 아이에스 조선장 옆 마을

변함없이 계속되어온 것

'고마메 식당'은 쇼도시마 섬 한가운데쯤, 풍광이 아름다운 계단식 논에 둘러싸여 오도카니 서 있다. 옛날에는 지역 정미소였다. 건물의 미닫이문을 여니, 약간 높은 위치에 창문이 달려 있다. 그 창문을 통해 건물 구석구석까지 따뜻한 빛이 쏟아져내리고 있었다. 그 빛 속에 코를 간질이는 음식 냄새와 편안한 인기척. 고마메 식당은 다정하고 힘찬 생명력에 감싸여 있었다.

원래 이곳은 2010년 여름에 개막된 '세토우치 국제예술제'의 기획 중 하나로 오픈한 가게. 예술제 폐막과 함께 가게도 닫았지만 이듬해 봄, 새 단장하여 다시 문을 열었다. 가게를 닫고 나서 주변 사람들에게 감사를 표할 겸 도시락을 나누어 주었더니 "다음에는 언제 오픈하나요?"라는 말을 많이 들었다고 한다. '지역에 켜진 작은 불이 꺼지지 않도록', 고마메 식당은 느릿하게 다시 시작했다. 가게를 꾸려가고 있는 것은 쇼도시마에서 태어나고 자란 다치바나 리쓰코 씨. "일보일경(一步一景), 백보백경(百步百景)이라는 말처럼, 계절마다 이렇게 풍부한 표정으로 풍경이 바뀌는

18 Japan's New Islands Trip
세토우치 | 쇼도시마 | 카페

고마메 식당
こまめ食堂

바람이 잘 통하는 계단식 논에 자리 잡은
따뜻한 식당

곳은 또 없지 않을까요?" 다치바나 씨는 이 섬의 매력을 한 마디로 이야기한다. 그는 쇼도시마 관광협회에서 일한 후, 지인과 '드림 아일랜드 DREAMISLAND'를 설립했다. DREAMISLAND는 가이드투어 등 여러 가지 활동을 통해 섬의 매력을 전하는 회사. 세토우치 국제예술제 운영에 관여했던 것이 계기가 되어, 고마메 식당의 운영을 맡았다. 요리도 음식점 경영도 전혀 경험이 없는 상황에서 시작한 탓에 시행착오의 연속이었다. 너무 힘들어서, 세토우치 국제예술제 폐막 때는 지칠 대로 지쳐 있었다고 한다. 그래도 고마메 식당을 다시 시작한 것은 이곳에서 '평상시의 쇼도시마'를 전할 수 있다고 생각했기 때문. 제공하고 있는 것은 이 계단식 논에서 키운 쌀을 좋은 물과 직화로 고슬고슬하게 지어낸 주먹밥이 자랑거리인 '계단식 논 주먹밥 정식'. 참고로 햅쌀은 9월경에 나온다고 한다. 반찬은 섬에서 나는 것을 중심으로, 근해에서 잡힌 제철 해산물(겨울철에는 서대나 복,

인기 메뉴 '계단식 논 주먹밥 정식'. 섬의 재료, 제철 재료로 볼륨 만점

창문에서 보이는 아름다운 풍경. 언제까지나 멍하니 바라보고 싶다.

고마메 식당

Japan's New Islands Trip
세토우치 | 쇼도시마 | 카페
18

계단식 논을 한눈에 볼 수 있는 기분 좋은 테라스 자리

봄에는 삼치나 오징어 튀김, 여름에서 가을에 걸쳐서는 가자미 등 생선과 새우, 채소 튀김, 전갱이 초간장조림 등이 나온다), 직접 만든 매실장아찌와 채소 장아찌, 가지산적 등. 그 외에 '쇼도시마 올리브 햄버그'나 '쇼도시마 소면'이 있고, 모두 이 섬이 아니면 먹을 수 없는 것들이다. 이 섬에서만 먹을 수 있는 맛. 전부 이 섬에 사는 '자신들다운 메뉴'를 생각해낸 것.

2006년 DREAMISLAND를 설립했을 때 다치바나 씨가 처음으로 시작한 것이 블로그였다. 그것은 쇼도시마의 매력을 전하고 싶다는 취지에서 시작된 것으로, 가이드북에 실리지 않을 것 같은 소소하고 매력적인 장소나 쇼도시마의 일상적인 풍경을 소개하고 있어 눈 깜짝할 사이에 인기를 얻었다. 그런 다치바나 씨가 꾸려가고 있기에 고마메 식당에는 섬에 대한 사랑과 그 매력이 넘치는 것이다. 가게에 들어갔을 때 느낀 생명력은 분명 거기에서 생겨난 것이리라. 날마다 바뀌는 풍경 속에서, 변하지 않고 그곳에 서 있는 작은 식당. 이 식당에는 몇 번이고 발길을 옮기고 싶어진다. 왜냐하면 갈 때마다 다른 표정을 보여주기 때문이다.

주　소　가가와 현 쇼즈 군
　　　　쇼도시마초 나카야마 1512-2
　　　　香川県小豆郡小豆島町中山1512-2
전　화　0879-75-0806
시　간　11:00~17:00
정기휴일　화요일
　　　　(긴 연휴나 공휴일은 화요일도 영업)
주차장　있음
H　P　http://www.dreamisland.cc/
　　　　cafe/komame-cafe.html
가는 법　도노쇼 항에서 버스로 20분,
　　　　가스가 신사 앞 하차

카페 공간의 카운터석은 그리운 분위기의 의자

19 Japan's New Islands Trip
세토우치 | 아와지시마 | 카페, 잡화

233 cafe
233 카페

편안한 동네를 만드는
디딤돌이 되는 카페

상점가, 라는 말의 울림에, 나는 조금 안도하게 된다. 대형 쇼핑몰이나 번쩍거리는 고층 건물이 서 있는 것보다 내가 사는 동네의 상점가가 활기에 넘친다면 그게 더 기쁘다. 왜냐하면 가게 사람들의 표정이 보이고, 친근감이 있고, 그렇게 사람의 체온을 느끼면서 살 수 있기 때문이다.

스모토 시에 있는 코모도 56 상점가는 타일이 깔린 도로와 아케이드가 고풍스러운 느낌을 자아내

창문으로 보이는 것은 매력 넘치는 섬의 물건들이다.

는, 아와지시마 최대의 번화가. 번화가라고는 하지만 매우 느긋한 분위기인 이 상점가의 한쪽 모퉁이에 233 카페가 있다. 이곳은 히라마쓰구미 일급건축사 사무소의 히라마쓰 히로카쓰 씨가 운영하는, 아와지시마의 삶에 가까운 요리를 제공하는 카페이며, 섬사람들 혹은 관련이 있는 사람들의 작품을 취급하는 숍이자 갤러리다. 칸막이가 없어 탁 트인 가게 안. 테이블의 발치에는 맥주

케이스에 판자를 얹어두는 등 레이아웃이 간단하다. 하지만 그것이 느껴지지 않을 정도로 센스가 좋다. 이렇게 '간단'하게 해놓은 것은 모든 집기를 쉽게 옮길 수 있도록 하여 언제든지 이벤트나 전시에 대응할 수 있는 레이아웃으로 변경하기 위해서이다.

오사카의 대학에서 건축과를 졸업하고, 26세의 나이에 출신지인 아와지시마 섬으로 돌아온 히

라마쓰 씨. 학생 시절에는 이 작은 섬이 답답하게 느껴졌지만, 설계사무소를 설립하고 233을 운영하면서 "도예가나 농가나, 여러 사람들과 만날 수 있어서 재미있다는 생각이 들게 되었어요." 숍을 보고만 있어도 섬에서 태어난 여러 상품들에 대한 흥미가 생긴다. 차르char의 '섬의 옷', 야마다야의 잼, 아와지시마로 이주해온 요리연구가 도이치 나쓰 씨의 책, 현대미술가 오카모토 준이치 씨의 '아와비웨어' 등.

"옛날 같은 방식으로 집을 짓고 싶어요. 누군가 집을 짓게 되면 산에 나무를 베러 가고, 지역 사람들이 협력해서 집을 짓곤 했죠. 채소 같은 경우, 유기농에 대한 의식이 점점 높아지고 있는데, 건축에서도 소재를 염두에 두고 지역에서 협력해서 생산·소비하는 의식이 높아졌으면 좋겠어요."
히라마쓰 씨는 그 외에도 여러 가지 활동을 하고 있는데, 옛집의 재생과 그곳에서의 삶을 제안하는 '리(re) 옛집'이나 '아와지의 일하는 형태 연구

편안하게 살기 위한 환경 만들기

이날의 '시즌 롤케이크'는 섬의 무화과를 사용한 것이다.

'섬'에서는 섬의 풍요로운 지역 자원을 활용한 일자리나 상품 개발을 서포트하고 있다. 모두 아와지시마에서 살아가고 일을 하면서 사람과의 관계 속에서 생겨난 활동.
"여러 활동을 하고 있지만 그건 결국 우리가 편안하게 살기 위한 환경을 만드는 거예요. 이곳도 그런 환경이 생겨나는 계기가 되면 좋겠습니다."
아와지시마에 가게 된다면 우선은 이곳에 와보자. 여행할 곳의 힌트로 '이어질' 수 있을 테니까.

주 소	효고 현 스모토 시 혼마치 5-3-2 兵庫県洲本市本町5-3-2
전 화	0799-20-4488
시 간	11:00~18:00
정기휴일	목요일
주 차 장	코모도 56 상점가 주차장을 이용

20 Japan's New Islands Trip
세토우치 | 아와지시마 | 잼

야마다야
山田屋

두 사람은 딸기 농부이자
잼 가게 주인

야마다야라는 작은 잼 가게가 있는데, 그곳은 금요일밖에 영업을 하지 않는다. 주말에는 각지의 이벤트에 출점하고, 그 외의 날은 밭에 나가기 때문이다.

이 가게의 주인 야마다 슈헤이 씨와 유코 씨는 대학 농학부에서 만났다. 그 무렵부터 '언젠가 둘이서 농가를' 만들자는 꿈을 꾸었다. 두 사람은 각각 오사카와 가가와 출신으로, 아와지시마는 서로의 본가 딱 한가운데쯤. 이곳을 찾아갔을 때, 독특한 분위기와 풍경에서 반짝거리는 무언가를 느끼고 언젠가 이곳에서 살고 싶다는 생각을 했다고 한다. 때마침 아와지시마에 사는 사람을 만나 살 집과 밭을 찾게 되고, 이주하게 되었다.

딸기를 키우려고 생각한 것은 아이에서 어른까지 모두가 좋아하는 과일이기 때문. 사람들에게 딸기를 팔면서 딸기를 잘 키우는 방법까지 꼼꼼히 설명하면 어떨까? 그러면 딸기 하나라도 훨씬

믿고 살 수 있지 않을까? 슈헤이 씨와 유코 씨는 시가의 관광농원에서 일하며 그런 꿈을 가졌다.

유코 씨도 원래는 밭에 나가 일하고 싶어 했지만, 학생 시절 농원에서 일했을 때 체력의 한계를 느꼈던 게 떠올라 단념했다. 실의에 빠져 있던 때에 은사로부터 충고를 받았다. "키우는 것 외에도 농업과 관련된 일을 할 수 있어,라고 말씀해주시더라고요. 뭘 좋아하냐고 물으셔서 과자 만드는 걸 좋아한다고 했더니, 그걸 하면 되잖아! 라고 하셔서." '가공으로 농업을 지탱하자' 싶어, 야마다야에서는 잼 만들기를 담당. 섬의 농가에서 사들인 재료로 잼을 만든다. 소재를 중요히 여기고 싶어 쓸데없는 첨

아이에서 어른까지 모두 좋아하는 딸기로

주 소	효고 현 아와지 시 가리야 91 兵庫県淡路市仮屋91
전 화	0799-70-4022
시 간	10:00~18:00
영업일	금요일
주차장	있음
H P	http://awaji-yamadaya.com/
가는 법	히가시우라IC에서 차로 10분. 민박 오쿠라소, 가리야 어협 근처

가물은 전혀 넣지 않는다. "농가에 어떻게 키운 건지, 어떤 맛을 내고 싶은지를 묻고, 그 맛을 표현하고 싶어요. 이 잼을 먹은 손님들이 농가에 그 과일을 사러 가고 싶어지게 하는 게 목표입니다."

슈헤이 씨가 밭에서 딸기를 키우고, 유코 씨가 가공한다. 그것이 자신들에게 맞는 삶의 방식. "농업에 대한 꿈은 있었지만 여러 가지 고민도 많았어요. 하지만 어느새 나 자신에 대해 알게 되고, 이 방식 그대로 살아갈 수 있지 않을까, 생각하게 됐죠."

바닷가의 작은 마을 주택가에 조용히 서 있는 잼 가게에서 차로 5분 정도. 언덕을 올라가면 오사카 만이 내려다보이는 아름다운 풍경이 나타난다. "이 풍경에 마음을 빼앗겼어요." 그리고 이곳에 야마다 씨네 유리 온실이 있다. 이들은 이주한 지 3년째 되던 해 봄, '이치고엔'이라는 딸기 농원을 오픈했다. 3월에서 4월에 걸쳐 주말에만 완전예약제로 딸기 수확 체험을 한다. 농업을 통해 이 섬이 더욱 활기 넘칠 수 있기를 바라고 있다. 딸기도, 잼도, 그것을 위한 밑거름이다. 매년 봄이 되면 이 농원은 분명히 웃는 얼굴로 가득할 것이다.

자신들에게 맞는 삶의 방식으로 섬을 활기차게

가게에는 지금까지 만들어온 샘플을 비치. 이치고엔 농원은 경치 좋은 고지대에 있다.

마당에 있는 별채가 가게 공간. 직접 만든 옷이 진열되어 있다.

21 Japan's New Islands Trip
세토우치 | 아와지시마 | 의류

Char*
차르*

생활에서 태어나는 옷

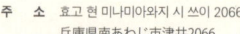

주 소	효고 현 미나미아와지 시 쓰이 2066 兵庫県南あわじ市津井2066
전 화	0799-36-3078
시 간	11:00~17:00
정기휴일	부정기
주 차 장	있음
H P	http://char-by-cheep-cheep.com/index.htm
가는 법	2066번지 또는 2016번지로 검색(연못 옆 건물)

디자인은 어디에서 태어나는 걸까. 그것은 '생활' 속에서 태어난다. 필요해서, 내가 입고 싶은 옷. 바로 '생활하기 위한 옷'이다. 아와지시마 섬의 작은 마을에 있는 오래된 일본가옥에, 의류 브랜드 차르char가 있다. 집은 사무소 겸 작업장이고, 별채는 작은 가게. 각지의 의류 매장에 납품하기 위한 작업장으로서의 의미가 강하기 때문에 가게는 부정기 휴무. 영업시간이라고 해도 미리 전화하고 찾아가지 않으면 허탕을 칠 수도 있다. 그래도 이 가게에 가야 한다고 생각하는 이유는 이 옷이 태어나는 장소를 보고 나서 입는 게 좋을 것 같아서다.

도쿄와 요코하마에서 18년 동안 산 후, 기요오카 마사아키 씨와 마나미 씨 가족이 고향인 아와지시마 섬으로 온 것은 2007년의 일이다. 원래 의류 업계에서 일하던 마나미 씨가 출산을 계기로 퇴직하고 자택에서 패터너로 활동한 것이 시작. 지인

의 카페 한쪽 구석을 빌려 옷을 파는 데서부터 시작했다. 임신 중에도 편하게 입을 수 있는 데님이나, 자연소재의 옷을 입고 싶다는 생각에서 태어난 블라우스와 셔츠. 그때그때 내가 입고 싶다는 마음으로 솔직하게 만들어낸 옷이기 때문에 같은 처지에 있는 엄마들을 중심으로 큰 호평을 얻었다고 한다.

도시 생활에 대한 스트레스나 육아의 어려움, 집에서 살림을 하는 게 벅차다고 느껴질 무렵 생각한 것이 아와지시마로 이주하는 것이었다. 이사해온 곳은 비어 있던 친척집. "먹거리가 풍부해요. 바다도 산도 있고, 하늘이 넓죠. 자연 속에 있으면 옷 만들고 싶다는 의욕이 더 샘솟고, 도시에도 나가기 쉬워서 자극도 많이 돼요. 이곳이라면 일과 살림을 병행하기 쉬울 것 같았어요. 아이들에게도 좋은 환경 같고요."

옷은 그때그때 느낌으로 만든다. 매일의 생활을 통해 자신의 내면에서 나온 것을 옮긴다. 그리고 그것을 마사아키 씨와 협력해서 '상품'으로 승화한다. 나의 발밑을 똑똑히 보면서 살 수 있는 아와지시마 섬에 있기 때문에 '생활하기 위한 옷'이라는 의미가 더욱 소중하게 다가온다. 아와지시마 섬은 '무언가를 낳는' 섬이라고 한다. 이 섬의 에너지를 얻어, 생활 속에서 생겨나는 옷. 차르의 옷은 생활에 밀착해, 부드럽게 몸을 감싼다.

집이 곧 일터. 부부가 나란히 작업을 진행한다.

22 Japan's New Islands Trip
세토우치 | 오미시마 | 카페

로코버스
ロコバス

오미시마 섬의 매력을
통째로 전하는 작은 이동 카페

주　소	에히메 현 이마바리 시 오미시마 주변 愛媛県今治市大三島周辺
전　화	090-6200-0080
시　간	오픈 장소에 따라 다름
정기휴일	부정기(아래에서 확인)
HP	http://ameblo.jp/locobus6583
가는 법	초록색 왜건버스가 표식

이동 카페니까, 멋진 공간이 있는 것도 아니고 섬세한 요리가 나오는 것도 아니다. 하지만 카페라는 '자리'가 생기면서 사람이 모이고, 커뮤니케이션이 생겨나고, 정보가 전해진다. 사람에 대한 흡인력이나 정보를 모이게 하는 힘이 바로 이 카페의 매력이다.

마쓰모토 가나 씨의 이동 카페 '로코버스'의 무대는 아이치 현의 오미시마 섬. 부정기적으로 '후루사토 휴식의 집'이나 '휴게소', '오야마즈미 신사 참배길' 등 여러 곳에서 로코버스를 오픈하고 있다.

효고 현 가코가와 출신인 가나 씨는 요식업에 오랫동안 종사했고, 그 길을 계속 가고자 도쿄의 가게에서도 일했다. 8년쯤 일했지만, 매일매일 너무 바빠 '땅에 발을 붙이고 있지 않은' 느낌을 씻을 수가 없었다. 그러던 때에 지인의 소개로 정부 관할의 '지역발전협력대'를 알게 되고, 처음으로 방문한 오미시마 섬에서 사람의 손이 닿지 않은 자연의 풍요로움, 특산품인 감귤류의 맛에 감동해 협력대에 응모하게 되었다. 협력대 이야기를 지인에게서 들은 것이 2011년 12월 말의 일. 이듬해 1월에 설명회에 출석했고, 2월에 면접을 보고 채용되어 3월에는 이주했다고.

협력대 활동을 하다 보니, 섬에 사람이 모일 만한 장소가 적어 커뮤니케이션이 부족하지 않나 싶은 생각이 들었다. 사람과 사람이 이야기를 나누고 힘을 합치기 위한 장소가 없기 때문에, 아무리 섬에 매력이 있어도 그것을 전하는 활동을 할 수가 없다. 그런 생각에서 '고요리 카페'라는 이벤트를 열어보니, 지역 사람들과 조금 더 가깝게 연결되는 것을 실감할 수 있었다. "이벤트를 계속하고 싶었어요. 이 섬에는 멋진 장소가 많이 있으니까, 그렇다면 차로 하자! 싶었죠. 밖에 나가면 버스 자체가 광고가 되고요." 그것이 로코버스의 시작이었다.

취지는 '오미시마를 통째로 전하는' 것. '오미시마 커피 배전소'의 커피나 '하나자와 가족 농원&과자 공방 화과사花菓舎'의 레몬을 사용한 레모네이드에 파운드케이크. 마쓰모토 씨가 매료된 섬의 매력이 가득 차 있는 것만을 판매한다. 그래서 섬사람들, 관광객들을 비롯해 여러 사람들이 찾아온다.

로코버스 활동을 하면서 마쓰모토 씨는 '주식회사 시마도'를 설립했다. 섬의 흙, 섬사람들, 섬의 창문, 그리고 섬의 AD(광고). 섬사람들과 함께, 섬의 매력을 알리고 싶다. 그 예로 도쿄에서 약 30종류나 되는 오미시마산柑 감귤류를 맛보게 하고 판매하는 이벤트도 개최하고 있다. 그리고 마쓰모토 씨는 지역 발전 협력대의 임기인 3년이 지난 후에도 이 섬에 머물기로 결정했다.

"느긋한 섬의 분위기에 휩쓸려버릴 때도 있지만, 제가 중심을 잘 잡고 있으면 제 생각대로 해나갈 수 있을 것 같아요. 저는 이주자니까 섬 바깥과도 관련이 있잖아요. 그런 걸 활용해서 더욱 섬의 매력을 알려나가는 게, 이 섬에서 제가 할 역할이라고 생각해요."

하나자와 가족 농원의 레몬밭에서 하나자와 씨와 웃음을 나눈다.

섬의 곳곳에서 오픈. 로코버스는 어디든 간다.

23 Japan's New Islands Trip
세토우치 | 쇼도시마 | 카페

다코노마쿠라
タコのまくら

6년에 걸쳐 직접 만든
바다 앞의 옛집 카페

쇼도시마 도노쇼 출신인 야마짱, 야마모토 다카미치 씨는 '자연사自然舍'라는 '씨 카약'과 '섬 걷기' 가이드투어 하는 회사를 운영하고 있다. 고등학교를 졸업한 후 처음에는 섬을 떠나 도쿄 도청에 취직을 했고, 오쿠타마에서 3년간 민물고기, 오가사와라 제도에서는 6년간 바다 생물을 조사하고 연구하며 살았다. 그 무렵 카약의 매력에 흠뻑 빠졌고, 이것을 직업으로 삼고 싶다고까지 생각하게 되었다. 어디에서 할까 고민

간판 메뉴인 '꾸벅꾸벅 정식'. 섬의 은총이 가득하다.

주차장에서 가게로 이어지는 골목길. 왠지 안심하게 되는 풍경이다.

하다가 생각난 곳이 자신의 고향인 쇼도시마 섬이었다고. 지금으로부터 11년쯤 전에 쇼도시마로 돌아와, 자연사를 시작했다. 그것은 카약 등을 통해 쇼도시마의 풍요로운 자연과 사람을 연결하는 일이었다.

"온화한 바다는 빛을 반사하면서 늘 반짝거려요. 작은 섬인데도 가부키나 축제 같은 문화가 풍부하죠. 또 간장과 소면, 올리브가 있고, 쌀도 나고 물고기도 잡혀요. 816미터 높이의 산이 있어서 단풍도 볼 수 있답니다. 작기 때문에 정보를 퍼뜨리면 금방 반응이 있고, 동료를 찾기도 쉬워요. 이주자도 많아서 굉장히 재미있는 섬이라는 걸 알았죠."

자전거로 지나가다가 우연히 발견했다는, 바다를 눈앞에 둔 옛집. 마음이 끌리고, 가이드만 하는 게 아니라 사람과 사람을 잇는 장소를 만들고 싶다는 생각으로 큰맘 먹고 구입하게 되었다. 대들보를 고치는 데 2년이 걸렸고, 흰개미도 나왔다. 근처의 해체 현장에서 목재를 받아다 이용하기도 하고, 벽을 칠하고, 바닥을 깔고, 창문을 만들었다. 비수기를 이용해 전기나 가스, 수도 이외에는 거의 스태프와 함께 직접 만들어냈다. 계속 머릿속에 그리고 있던 것은 '흙과 나무로 만들고, 직선은 넣지 않는 부드러운 공간으로 만드는 것'. '다코노마쿠라(문어의 베개)'라는 가게 이름은 바다 생물을 연구할 때 만난 불가사리 같은 생물. 이름의 임팩트와, 문어가 낮잠을 자버릴 정도로 느긋하게 쉴 수 있는 장소로 만들고 싶다는 마음을 담아서 붙인 이름이라고. 6년이 걸려서, 2014년 11월에 드디어 오픈했다.

제공하는 요리는 그때그때의 제철 식재료를 사용한 '꾸벅꾸벅 정식' 등. 요리 담당은 도치기 현에서 이주해 온 가미오카 레이코 씨다. 이날은 매시드 펌프킨 샐러드에 더운 채소 수수 머스터드 소스, 우엉조림에 돼지감자와 감자의 아삭아삭 매

평소에는 가이드가 중심인 야마모토 씨가 커피를 끓여주었다.

낮잠을 자듯이, 느긋하게

흙벽의 부드러운 분위기가 가게 안을 감싼다.

실초 무침, 그리고 당근 튀김. "올해부터 농사도 시작했어요. 우리가 키운 것, 그리고 우리와 관계가 있는 사람의 식재료로 제공하고 싶어서요. 쇼도시마라면 그게 가능할 것 같아요."
이날은 야마짱이 손님을 맞고 있었는데, 특유의 온화한 웃음으로 가게 안을 다정한 분위기로 채웠다. 햇빛도, 흙벽도, 공간 전체가 부드럽게 느껴지는 편안함. 쇼도시마를 여행하다가 "야마짱네 가게는 가보셨어요?"라는 질문을 몇 번이나 받았다. 그만큼 야마짱이 섬사람들에게 사랑받고 있다는 증거. 분명 이 가게도 섬의 매력으로 넘쳐나고, 섬사람들에게 사랑받는 가게가 될 것이 틀림없다.

주 소 가가와 현 쇼즈 군 쇼도시마초 이케다 1336
　　　 香川県小豆郡小豆島町池田1336
전 화　0879-62-9511
시 간　11:30~17:00
영업일　월·금·토·일요일
주차장　있음
H P　http://takomaku.red/
가는 법　이케다~사자키 앞 주차장에서
　　　 바닷가 길로 나가서 조금 가면 있음

흙과, 만든다는 일과 마주하는 공방에서

24 Japan's New Islands Trip
세토우치 | 아와지시마 | 도자기 공방

라쿠토 가마
楽久登窯

마을에 '살면서'
생겨나는 그릇

세토 내해에 떠 있는 아와지시마 섬의 바다 옆. 예스러운 풍경이 펼쳐지는 스모토 시 고시키초 도리카이우라 마을에 '라쿠토 가마'가 있다. 안채와 별채가 있는 오래된 일본 농가의 집이다. 이곳을 개보수하여 공방 겸 갤러리, 카페를 운영하고 있는 니시무라 마사아키 씨. '시간을 잊고 집중할 수 있는' 작업이 자신에게 맞다고 느껴, 20세 때 일본 6대 고가마 日本六古窯 중 하나인 단바타치 구이야키 丹波立杭焼[1]를 굽는 곳에 제자로 들어가 6년 정도 수행을 쌓은 도예가다. 독립한 것은 26세 때. 어릴 때 놀러 오곤 했던 아와지시마의 할머니 댁에 공방을 만들었다. 카페는 누나인 모토시로미즈 미호코 씨가 꾸려나가고 있다.
단바타치 구이야키의 시작은 800년쯤 전으로, 한결같이 생활도자기를 만들어왔다. 단바타치 구이야키의 분위기를 담고 있는

1 일본 효고현 아라시야마 지역에서 헤이안시대 말기부터 가마쿠라시대에 발생한 빗살 도기

만든다, 사물을 철저하게 마주한다

니시무라 씨의 그릇은 소박하지만 식탁을 화려하게 해주는 힘이 있다. 부드럽지만 때로는 묵직하고 강한 차분함마저 느껴진다.
"모든 건 연결되어 있고, 우연은 있을 수 없다고 생각합니다. 일어난 일에 대한 의미를 찾아보면 거기에서 행동이 시작되고, 또 이야기를 얻게 되면서 자연스레 만드는 작업에 영향을 주는 것 같아요."

독립한 지 10년 남짓. 무언가를 만드는 데 대한 자세는 바뀌었다. '만든다'는 것은 무엇일까. 가령 요리사라면 '재료를 살린다'고 한다. 그럼 도예가는? "도구라는 건 과거에 누군가가 만든 것의 변형일 뿐, 제로에서 만들어낸 건 아니에요. 그렇기 때문에 배경을 찾고, 앎으로써 비로소 '만들었다'고 말할 수 있지 않을까요. 과거의 것을 현재에 끼워 넣는, 그런 일을 하고 싶네요."

도예가라는 존재는 때로 철학자 같은 분위기를 풍길 때가 있다. 그것은 '만든다'는 것에 대해서 철저하게 마주하고, 파내고, 형태로 만들어내는 작업을 매일 하고 있기 때문임이 틀림없다. 아직 30대 지만, 니시무라 씨에게서는 조용한 아우라 같은 것을 느낄 수 있다. 고베에서 태어나고 자란 니시무라 씨에게, 아와지시마 섬은 자연이 풍부한 땅. 이 땅에서 도자기를 만드는 것은 그에게 무엇을 의미할까.

"제 주위에는 생산자가 참 많아요. 바다에는 어부가 있고, 도시에 있을 때는 보려고 하지 않았던, 자연에 기대어서 살아가는 사람들이 만드는 현장을 보면 굉장히 자극이 됩니다. 옛날 사람들은 사는 것을 '맑다淸む(살다住む와 발음이 같다)'라고 말했다고 해요. 예를 들어 길을 청소하거나, 인간관계를 좋게 하거나, 마을을 '맑은' 상태로 만든다는 거죠. 선인들이 그렇게 해주었기 때문에 제가 이곳에서 자유롭게 활동해올 수 있었다고 생각합니다. 그래서 앞으로는 이 동네의 일상 속에서 그릇을 만들면서 '사는' 것 자체가 제 역할이자 은혜를 갚는 길이 아닐까 싶어요."

만드는 것에 대한 탐구를 멈추지 않고, 마을에 함께 살면서 태어난 그릇. 신비로운 무게 같은 게 느껴지는 것은 어쩌면 당연한 일이다.

라쿠토 가마

Japan's New Islands Trip | 세토우치 | 아와지시마 | 도자기 공방   24

물려받은 기술 위에 '지금'을 더한 그릇

주　소　효고현 스모토 시 고시키초 도리가이우라 2667-2
　　　　兵庫県洲本市五色町鳥飼浦2667-2
시　간　10:00~17:00
정기휴일　화 · 수요일
주 차 장　있음
H　P　http://rakutogama.com/index.html
가는 법　아스파 고시키 간판에서 우회전.
　　　　길을 따라 나아가면 간판이 보인다.

공방을 한 발짝 나서자 표정이 부드러워졌다.

25 Japan's New Islands Trip
세토우치 | 아와지시마 | 카페

노마도무라 카페 치큐
ノマド村 Cafe CHIQ

여행 도중 만나는
작은 마을의 폐교 카페

원래 학교였던 건물 창으로 햇살이 가득 쏟아진다.

주 소 효고 현 아와지 시 나가사와 727
　　　 兵庫県淡路市長沢727
전 화 0799-70-1165
시 간 12:00~18:00
영업일 토·일요일
주차장 있음
H P http://www.nomadomura.net
가는 법 호쿠단 IC에서 차로 동쪽으로 약 10분

서로 더불어 살아가는 곳

사진가이자 영상작가인 시게키 아야코 씨와, 파트너 영상작가 베르너 펜첼 씨가 독일, 스위스에서의 생활을 거쳐 아와지시마에 '노마도무라'라는 아티스트 커뮤니티를 만든 것은 6년 전의 일. 일본에서의 거점을 찾고 있을 때 지인이 소개해준 것이 아와지시마 섬이었다. 마침 그곳에서는 초중학교 통폐합에 따른 폐교를 활용할 길을 찾고 있었다.

"도시에서는 넓은 장소를 유지하는 것만으로도 힘드니까 시골로 가자고 생각했고, 그럴 바에는 어중간한 곳이 아니라 진짜 시골로 가고 싶었어요. 창작 활동을 할 수 있고, 사람을 부를 수 있는 기획이나 프로젝트를 할 수 있는 넓은 장소, 몇 군데 본 중에서, 이 나가사와의 폐교가 크기도 딱 맞았죠."

아와지시마 섬 북부에 위치한 나가사와 마을. 노마도무라는 아름다운 바다를 지나, 논이 이어지는 언덕길을 올라가면 나오는 전망 좋은 고지대에 있다. 그곳은 시게키 씨네 창작의 장소이자 생활의 장소이자 카페가 되었다. "아이를 키울 때만 봐도 엄마와 아이만 집에 있는 경우가 많은데, 그러면 아이도, 엄마도 너무 힘들잖아요. 그럴 때 커뮤니티라는 오픈된 공간이 있다면 서로 도우면서 생활할 수 있으니까, 좋지 않을까 싶었어요."

원래 직원실, 보건실, 교장실이었던 공간의 벽을 허물고, 워크숍을 개최해 많은 사람들과 함께 벽을 칠해서 카페를 만들었다. 당시 옛날 폐교에서 아이들을 비추었을 햇빛은 그대로 남아 느긋하게 시간을 보내고 싶은 차분한 공간이 되었다. 창작 활동을 하는 한편, 주말에만 영업하는 카페를 만든 것은 지역과의 연결을 갖고자 하는 목적이 있었기 때문이다.

지금은 지역 사람들과 관광객 등 많은 사람들이 찾아온다. 그저 느긋하게 시간을 보내기도 하고, 정보 교환을 하기도 한다. 가게 한쪽 구석에는 섬의 아티스트들의 작품이나, 나가사와에서 나는 채소도 판매되고 있다.

"우리가 즐겁게 산다는 게 우선이고, 즐겁게 사는 모습이 잘 표현되면 거기에 끌려서 찾아오는 도시 사람들도 있지 않을까? 지금까지는 즐거운 일은 도시에 있다는 이미지를 갖고 있는 사람이 많았겠지만, 이곳에서 즐거운 일을 하면 되지 않을까? 이런 마음에서 여러 가지 기획이 생겨나고, 조금씩 이주해오는 사람도 늘었어요."

카페 운영으로 시작해, 섬의 일거리를 만들어내는 '아와지의 일하는 형태 연구섬' 등 지역과의 연계와 활성화에 관한 여러 가지 활동을 해온 시게키 씨. 앞으로는 본업인 영화 제작에 힘을 쏟고 싶다고 한다.

"이래야만 한다, 라는 비전은 없어요. 지금은 여기가 굉장히 좋고, 이곳에서 사는 게 행복해요. 그렇다고 해서 이곳만 고집하는 건 아니고요. 지금도 여행 도중이랍니다."

언제까지나 이 자리에 있을 것 같지만 어딘가 허무한 아름다움을 갖고 있는, 자유롭게 사람들이 오가는 이곳은 작은 폐교 카페.

노마도무라 카페 치큐 Japan's New Islands Trip
25

114 - 115

26 Japan's New Islands Trip
세토우치 | 오미시마 | 쇼룸

사진
左栀

옛집에 조용히 녹아든,
강철의 집

〰️ 〰️

꽃병이나 전등갓, 오브제. 마치 공간에 악센트를 주듯 강철로 만들어진 소품들이 배치되어 있다. 자유롭게 형태를 바꾸며 생활의 공간에 녹아들고, 거기에 어른스러운 고요함과 기품, 때로 장난스러움을 부여한다. 철이라는 소재의 재미를 가르쳐주는 것은, 오미시마의 마을에 있는 '사진'. 강철 조형 작가인 야마다 고이치로 씨의, 말하자면 '강철 쇼룸'이다.

원래는 히로시마에서 자동차문을 설계하고 있었다는 야마다 씨. 어느 날 문득, 농사를 지으며 자연과 함께 살고 싶다는 생각이 들어 비어 있던 할아버지의 집에서 살기로 했다. 섬의 작은 수리 공장에서 일하며, 자연 옆에서 느긋한 생활을 했다. 삶의 질을 높이려고 꾸준히 만들어낸 공간이 지인들에게 호평을 얻었다. 그들이 등을 떠밀어준 덕분에 '르퓌주'라는 이름으로 카페를 열었다. 한 달에 며칠만 영업하면서 친구들을 초대하듯이, 생활의 일부로. 그렇게 섬의 생활에 녹아들었다. 야마다 씨의 집안은 어머니와 누나가 모두 도예가인 예술가 집안. '흙'이라는 소재가 자신과 맞지 않다고 여긴 야마다 씨는 수리 공장에서 일하며 강철로 무언가를 만드는 기쁨을 알았다. 자연의 소재이면서 오래 쓸 수 있는 것. 자유롭게 형태를 바꾸고, 이윽고 녹슬어 자연으로 돌아가려고 하는 것. 그런 강철의 매력을 깨닫고, 강철을 소재로 무언가를 만드는 일을 하게 되었다. 조형 작가 마스오카 노부오 씨의 작품을 보았을 때 충격을 받았

다는 그는 한 지인과의 인연으로 지바 현에 공방을 두고 있는 마쓰오카 씨 밑에서 수행할 수 있게 되었다. 카페를 닫고 섬을 떠나 지바 현으로 가서 약 3년 동안 수행에 힘을 쏟았다. 그대로 마쓰오카 씨의 공방을 물려받을 생각도 했지만 지진도 있고 해서 다시 섬으로 돌아왔다. 이번에는 카페가 아니라 자신이 만드는 '강철'을 확실하게 보여줄 수 있는 공간으로 만들고 싶었다. 그가 이곳을 쇼룸이라고 부르는 것은 손님에게 확실하게 강철의 매력을 보여주고, 이야기를 들으면서 무언가를 만들고 싶기 때문. '강철을 통해 생활이 풍요로워지는 데 보탬이 되기를 바라는' 마음이다.

예약제로 코스 요리를 제공할 예정도 있지만, 현재 제공하는 메뉴는 커피와 부인 가오리 씨가 만드는 수제 케이크 등 간식뿐. 지금은 주조에 의한 건축이나 생활 도구를 중심으로, 화병이나 오브제 등의 작품을 만들고 있다. 이곳에 여러 작가들의 작품을 두고, 나아가 '사물과 공간과 환경을 생각하는 자리'로 만들어나가고 싶다고.

"강철은 제게 작품의 소재이고, 직업입니다. 자연스럽게 생겨나는 조형을 살리면서, 생활 속에 아름다운 선을 그리고 싶어요. 이곳은 가까운 곳에 조선소도 있어서 강철 작가에게는 좋은 장소인 것 같아요. 가게가 안정되면 전시회 같은 것도 하고 싶네요."

2014년 11월 29일에 오픈한 공방 '사진'. 쇼룸 겸 집에서 도보 2분 정도 걸리는 곳에 있는 공방에서는 고양이가 낮잠을 자고, 닭이 요란하게 울고, 옆에는 밭이 있다. '놀면서, 일하면서'. 야마다 씨는 이 작은 섬의 자연 속에서 진지하게 강철과 마주한다.

주 소	에히메 현 이마바리 시 가미우라초 세토 2294 愛媛県今治市上浦町瀬戸2294
전 화	0897-87-3730
시 간	11:00~17:00
영 업 일	매주 토요일, 둘째·넷째 일요일
주 차 장	있음
H P	http://www.rufuge.com
가는 법	세토 항 근처

27 Japan's New Islands Trip
세토우치 | 아와지시마 | 잡화, 이벤트

NEHA
네하

파도 소리가 기분 좋은,
언덕 위의 셀렉트숍

눈앞에는 나무, 그 너머로 바다가 보인다.

대나무와 나무에 파묻혀 있는 옛집

'파도 소리를 들으며 살고 싶은' 마음에 일본 전국을 여행했다. 도야마와 가나자와, 세토 내해에서는 나오시마, 다카마쓰에도 갔고 후쿠오카에서는 한 달 정도 지냈다. 자신이 진짜 살고 싶은 장소를 찾아서. 그러다가 다다른 곳이 아와지시마 섬의 이 장소. 수도도 설치되어 있지 않은 옛집. 집 전체가 대나무와 갖가지 나무로 덮여 있고, 파도 소리가 들려왔다. 시라가 씨는 여기에 한눈에 반했다. 몇 달이나 들여서 풀을 베어내니 눈앞에는 푸르게 반짝이는 바다가 펼쳐졌다.

국도에서 바다를 향해 계단을 내려가면 그 밑에 지은 지 100년은 된 듯한 옛집이 있다. 수풀에 덮여 있는 입구로 들어서면 거기에는 가게 주인 시라가 마사타카 씨가 말하는 '친구나 동료들이 만드는 옷과 잡화'가 진열되어 있다. 마쓰모토에서 활동하는 캔들 작가 리파트Lifart의 양초, 오토 마코토 씨의 크로스스티치, 미국 에코 파크 포터리 echo park pottery의 머그컵 등, '애정이 가득 담긴, 매우 즐겁고 귀여운 것들뿐'.

도쿄나 고베에서 음악 이벤트를 기획하거나 패션, 잡화, 카페 경영을 해온 시라가 씨. 도시를 떠나 아와지시마 섬에서 가게를 여는 것에 대해서도 '하고 싶다'는 마음만 있었을 뿐 특별히 불안은 없었다고 한다. "지금은 어떤 환경이 나에게 편안한지 실험하고 있는 중이에요. 아와지시마는 손님층도 정말 다양해서 재미있고, 바다가 눈앞에 있는 한가로운 곳이면서도 도시와 닿아 있죠. 도

국도를 따라 서 있는 이 간판이 표식

센스 있게 디스플레이되어 있는 상품

마음을 열 수 있는 곳에서

시에 있었을 때보다도 놀러오는 친구가 느는 것 같아요. 그건 분명히 장소의 힘이겠죠."
바로 옆에 국도가 나 있는데도 그것이 전혀 느껴지지 않을 정도로 조용하다.
"이런 위치는 흔치 않아요. 마음을 열 수 있는 환경에서, 쇼핑을 즐기거나 차를 마시거나 음악을 들을 수 있는 장소로 만들고 싶어요."
아와지시마 섬으로 이사 온 것은 시골 생활을 하고 싶어서가 아니다. 겨울에는 도쿄를 거점으로 삼는 등, 도쿄와 섬 양쪽의 생활을 즐기고 있다. 그냥 물건을 사들여서 팔기만 해서는 재미없으니까, 자신이 만난 '재미있는 사람들'을 이벤트 등 여러 가지 형태로 소개하고 싶다. 누가 보아도 저 가게는 '멋있다'고 말할 만한 일을 하고 싶은 것이다. 자신이 있고 싶은 장소에서, 다른 곳에는 없는 특별한 장소에서.

주 소	효고 현 아와지 시 가마구치 465 兵庫県淡路市釜口465
전 화	0799-74-2313
시 간	11:00~19:00
정기휴일	부정기(12~3월은 동계 휴업)
주차장	있음
H P	http://www.neha-awaji.com
가는 법	국도 28호선. 노다 교차점에서 스모토 방면으로 100m쯤 남쪽

등 뒤의 바다로, 해가 조용히 저물어간다.

가게 안으로 희미하게 들려오는 파도 소리를 들으면서

28 Japan's New Islands Trip
세토우치 | 오미시마 | 농가, 리큐르

Limone
리모네

감귤 섬의 은총으로 만들어진
개성 넘치는 리모첼로

주 소	에히메 현 이마바리 시 가미우라초 세토 2342 愛媛県今治市上浦町瀬戸2342
전 화	0897-87-2131
시 간	11:00~17:00
정기휴일	화·금요일(12~2월은 수요일도 휴무)
주 차 장	있음
H P	http://www.limone2.com
가는 법	바닷가에 있는 버스 정류장 '세토' 부근에 간판 있음

리몬첼로란 이탈리아에서 사랑받는 레몬 리큐르를 말한다. "굉장히 바쁘지만 좋아하는 술에 관련된 일을 할 수 있어서 기뻐요. 이곳이기 때문에 할 수 있는 일이라고 생각합니다." 야마사키 도모코 씨의 말이다. 남편 마나부 씨와 함께, 자신의 농원에서 키운 감귤류로 술을 만들어 파는 작은 가게 리모네를 운영하고 있다.

원래는 도쿄에서 회사원이었던 두 사람. 이탈리아를 여행했을 때 만난 리몬첼로에 감격해서, 자신들이 유기농으로 재배한 레몬으로 술을 만들고 싶어 이주를 생각하게 되었다. 일만 하던 남편의 건강이 상한 것도 이유였다. 본격적으로 이주할 곳을 찾다가, 귀농을 지원하는 이벤트에서 감귤류 재배가 활발한 오미시마를 만났다고 한다.

"좋아하는 일을 하는 거니까 힘들다고는 생각하지 않았고, 불편한 곳으로 가보자 싶어서요(웃음)." 그리고 2008년에 오미시마 섬으로 이주. 다른 사람이 경작을 포기한 땅을 빌려서 레몬을 비롯해 몇 종류의 감귤류를 유기농이나 무농약을 고집하며 키우기로 했다. 갑자기 이주해와서 '무농약으로 키운 레몬으로 술을 만들겠다'고 하니 지역에서는 기이한 눈으로 보는 사람들도 있었다. 그래도 열심히 일하는 두 사람의 모습은 조금씩 섬에 녹아들었다. 선배 농가에서 재배법을 가르쳐주기도 하고, 지역 사람들도 보러 와주었다. 2014년 1월에는 리큐르 제조 면허를 취득. 레몬을 키우고 리큐르를 직접 만드는 오리지널 주조를 할 수 있게 되었다.

하얀 벽에 푸른색과 노란색이 귀여운 가게에는 무농약 레몬을 껍질째 사용한 '통레몬 스트레이트 과즙'이나 '주시 레몬 식초', '오리지널 레모네이드' 등 오리지널 상품이 가득 진열되어 있다. 그 외에 여러 곳에서 온 레몬을 모티브로 한 귀여운 소품도 있다. 은근히 인기 있는 상품은 '리몬첼로 아이스 모나카'. 상큼한 맛과 차가운 식감으로 기념품을 사러 왔다가 그 자리에서 먹고 가는 사람이 속출. 술뿐만 아니라 쇼핑도 확실하게 즐길 수 있다.

키우는 것에서부터 가공, 판매까지. 부부 단둘이서 운영하는 것은 힘든 일이지만, 그만큼 조금의 빈틈도 없이 애정이 꽉 차 있다. 그렇기 때문에 리모네가 만들어내는 것은 모두 오미시마 섬에 부는 바람처럼 상쾌하면서도 확실하게 마음에 남는 것이다.

29 HOMEMAKERS
Japan's New Islands Trip | 세토우치 | 쇼도시마 | 카페, 농가

홈메이커즈

자연과 사람이 모이는
편안한 집처럼

～～～

편안함을 느끼는 데에는 분명히 여러 가지 이유가 있다. 가령 창문으로 들어오는 딱 알맞은 햇빛, 구석구석까지 잘 손질된 청결감이나 아름다움, 맛있는 음식, 부드러운 소파에 적당히 세월이 느껴지는 가구, 혹은 가게 주인과 손님들 사이의 친밀함 등도 있을지 모른다. 어쨌든 그런 사소한 몇 가지의 균형이 절묘하게 맞아떨어졌을 때, 편안함은 자연스럽게 느껴진다.
옛날이야기에서나 나올 것 같은 기와지붕의 집이

늘어서 있는 일본의 시골 풍경. 아이들이 기운차게 뛰어내려간 언덕길을 교대하듯 번갈아 올라가면 다다르게 되는 곳. 미닫이문을 열면 그곳에 이제껏 보아온 마을의 풍경과는 전혀 다른 세계가 기다리고 있다.

나고야에서 조경 일을 10년 정도 한 후, 미무라 다쿠히로 씨, 히카리 씨, 이로하 가족이 할아버지가 살았던 120년 된 옛집으로 이사를 온 게 2012년 10월의 일이다. 아침부터 밤까지 일만 하는 바쁜 생활. 그런 도시에서의 생활에 위화감을 느끼고 있던 때에, 가족의 건강 상태가 좋지 않아 이주를 결심했다. 다쿠히로 씨는 어릴 때 찾아오곤 했고, 히카리 씨, 이로하도 2010년에 세토우치 예술제 때 보고 좋은 인상을 갖고 있었던 이곳, 쇼도시 마을을 선택했다.

이주하고 나서 시작한 일은 농사다. 다쿠히로 씨는 집 주위에 밭을 빌려 채소나 과일, 허브 등을 유기 비료를 사용해 키우고 있고, 수확한 식자재

를 판매하고 있다. 이주한 뒤 든 생각은 '생활에 필요한 것을 우리들의 손으로 직접 만들 수 있다면, 분명히 인생은 풍요로워질 것이다'라는 것. 그리고 '사람이 모이는 장소를 만들고 싶다'는 바람이었다. 그래서 붙인 이름이 바로 홈메이커즈. 집을 만들듯이 직접 자신들의 손으로 '카페'를 만든다. 그러면 사람이 모이고, 모임이 생겨난다. "원래 공간을 만드는 걸 좋아하고, 좋아하는 공간이 생기면 사람들에게 보여주고 싶어지잖아요. 그렇게 장소를 만들다 보니 지역 사람들의 모임에 사용되면서 사람이 모이게 되었어요. 이곳에서 여러 가지 일이 일어나는 게 기뻐요." (히카리 씨) 2014년 2월 카페 오픈. 농사를 지으면서, 주말에는 카페를 연다. 바쁜 하루하루지만 언제나 가족이 함께 있을 수 있다는 기쁨이 있다.

"이주하고 나서 우리 가족의 삶이 움직이기 시작

이주하고 나서 움직이기 시작한 자신들의 삶

했어요. 이 동네에 금세 익숙해지기는 어려워도, 3년쯤 지나면 우리를 필요로 해줄 거라고 충고해준 사람이 있었어요. 이 땅에 확실하게 발을 붙이고 살아가고 싶어요." "지금은 이 장소를 위해서 제 시간을 최대한으로 사용하고 싶어요. 누구나 오고 싶어지는, 낙원을 만드는 거죠(웃음)." (히카리 씨)

이곳은 가족과 제대로 살아가기 위한 토대이자, 사람과의 교류를 넓혀가는 곳. 자신들의 손으로 감촉을 확인하면서 만들고 있기에 그들의 웃는 얼굴이 밝다. 그래서 이 장소가 편안한 것이 아닐까.

주　소	가가와 현 쇼즈 군 도노쇼초 히토야마코 466-1 香川県小豆郡土庄町 肥土山甲466-1
전　화	0879-62-2727
시　간	11:00~17:00
영업일	금・토요일
주차장	있음
H P	http://homemakers.jp
가는 법	히토야마 버스 정류장에서 도보 약 10분

섬으로 가는 법

[비행기]
후쿠오카 공항과 나가사키 공항에서 고토 열도의 후쿠에지마 섬으로 가는 왕복편이 하루에 3편 정도 있다. 요론지마 섬은 나하 공항과 가고시마 공항에서.

[페리]
후쿠에지마 섬까지는 나가사키 항, 하카타 항에서 페리가 있다. 가미고토 섬으로는 사세보 항에서 출항하는 페리·고속선도 있다. 요론지마 섬에는 가고시마-나하간 페리로 갈 수 있다.

CULTURE
예로부터 야생동백이 자생하고, 마을마다 기름 짜는 곳이 있었다는 동백기름의 명산지. 후쿠에지마 섬의 이마무라 등에서는 옛날 방식으로 정유하고 있다.

NATURE
크고 작은 400개의 섬으로 이루어진 외양성 다도해 경관의 자연이 풍부한 지역으로, 대부분의 섬이 '서해 국립공원'에 포함되어 있다.

CULTURE
1609년까지는 류큐에 속했으며, 그 이후에는 사쓰마, 1945년 패전 이후에는 미국 통치하에 있었기 때문에 여러 가지 문화가 혼재. 말은 오키나와 북부의 방언과 비슷하다.

NATURE
요론지마 섬의 볼거리 중 하나가 '유리가하마'. 오가네쿠 해안 앞바다 부근에서 1.5킬로미터 장소에 있으며, 봄부터 여름에 걸쳐 한사리 간조 때만 모습을 나타내는 아름다운 비치.

TRAFFIC
가고시마와 오키나와를 연결하는 페리(아마미오시마의 도쿠노시마 섬이나 오키에라부지마 섬, 요론지마 섬도 경유)는 7일 동안 마음껏 승하선할 수 있는 티켓이 섬 돌아보기에 최적.

LANDSAPE

고토 열도는 '나가사키의 교회군과 기독교 관련 유산'으로 세계유산 등재를 목표로 하고 있다. 교회는 모두 포토제닉한 건물.

4

새로운 일본의 섬 여행

고토·아마미의 섬

긴 여정이지만 한 번은 찾아가고 싶은
풍부한 자연과 개성 있는 문화

FOOD

나가사키 현이라 짬뽕이 맛있다. 일본에서 가장 오래된 우동인 '고토 우동'도 있다. 가늘고 쫄깃하며 잘 늘어나는 것이 특징.

크고 작은 140여 개의 섬들이 이어져 있는 고토 열도는 규슈의 최서단, 나가사키 항에서 서쪽으로 100킬로미터쯤 떨어진 곳에 있습니다. 거의 전역이 서해 국립공원으로 지정되어 있으며, 동지나해의 거친 파도에 깎인 절벽이나 일본 유수의 아름다움을 자랑하는 다카하마 해수욕장 등 자연이 풍부해요.

또 '나가사키의 교회군과 기독교 관련 유산'은 세계 유산 등록을 목표로 하고 있습니다. 섬에 다수 흩어져 있는 교회도 볼거리 중 하나인데, 사진 찍기 좋은 건물이 많아 돌아보는 것이 즐겁습니다. 섬의 풍경은 옛 일본의 좋은 모습을 간직한 시골이라는 인상입니다.

GOTO/AMAMI

지금도 소박한 삶이 숨 쉬고 있지요.
나가사키에서 페리로 갈 수도 있지만, 저는 후쿠오카의 하카타 항에서 페리를 탔습니다. 밤 12시 전에 출항해서 일출을 맞을 무렵, 바다에 떠 있는 고토의 섬들 사이를 지나갈 때 풍경은 멋지다는 말로밖에 표현할 수 없어요. 후쿠오카, 나가사키에서 비행기로 갈 수도 있지만, 여행다움을 맛보고 싶다면 페리를 이용하는 것도 괜찮을 것 같습니다. 한 번 이 섬에서 살아보고 싶어지는, 긴 시간을 보내고 싶어지는

매력적인 섬이었습니다.
이번에 여행한 후쿠에지마 섬 외에도 나루시마 섬이나 히사카지마 섬, 가미고토 지역이라고 불리는 나카도리지마 섬 등 매력적인 섬들이 흩어져 있으니 꼭 찾아가 보세요.
요론지마 섬은 아마미 군도의 최남단에 위치하며, 오키나와 본섬의 최북단, 헤도미사키 곶도 조망할 수 있습니다. 섬의 둘레가 21킬로미터 정도이니, 체력에 자신이 있다면 자전거로 느긋하게 일주해보는 것도 좋을 거예요.

가고시마 항에서 아마미오시마 섬, 도쿠노시마 섬, 오키에라부지마 섬, 요론지마 섬을 지나 오키나와 모토부 항, 나하 항을 연결하는 페리가 있고, 고베 항, 오사카 항에서도 페리가 출항하고 있습니다. 나하 공항, 가고시마 공항 등에서는 비행기로도 갈 수 있어요. 아마미 군도는 길거리에서 오키나와 방언이 들리거나, 미야코지마 섬의 '오토리'처럼

술을 돌려 마시는 풍습이 있는 등 분위기가 독특합니다. 2007년에 개봉된 영화 〈안경〉의 촬영지로도 유명한데, 촬영지 중 하나인 '요론지마 빌리지'의 레스토랑에서 먹을 수 있는 아마미의 대표적인 향토 요리 '닭밥'은 추천 메뉴.

옛날이야기 같은, 소박한 풍경 속에서

관광의 하이라이트는 '유리가하마 해변'. 요론지마 섬에서 가장 큰 '오가네쿠 해안'의 앞바다 약 1.5킬로미터에 간조 때만 모습을 나타내는 모래사장입니다. 백합꽃같이 하얘서 '백합의 해변'이라는 이름이 붙었다고도 해요. 항구 주변에도 세련된 카페가 있는 등, 작지만 많은 매력이 담겨 있는 편안한 섬.
1박이나 2박 정도로 느긋하게 여행하고 싶을 때는 요론지마 정도의 사이즈가 딱 맞을 것 같아요.

멀리로는 바다가 보인다. 들판 같은 풍경 끝에, 지중해를 연상시키는 하얀 건물이 몇 개 서 있다. 비포장길에 들어서서 가까이 가면, 붉은 꽃 히비스커스와의 대조가 눈부시다. 문을 열고 안으로 들어가면 바다에 맞닿아 있는 커다란 창. 개방감이라는 말만으로는 부족할 정도의 경관에 매료된다. 무라카미 유키 씨가 요론지마에 '구지라 카페'를 오픈한 것은 2014년 4월의 일. 그는 도쿄 아자부주반麻布+番의 갤러리 카페에서 5년 정도 일했지만, 임신을 하면서 시골 생활을 생각하게 되었다. '아이가 자연을 피부로 느끼고, 햇빛과 바람, 계절을 한껏 누리며 성장했으면 좋겠다'는 바람에서다. 바다 옆에서 살고 싶어서 구주쿠리나 이즈 등 여러 곳을 찾아다니던 중에 우연히 인터넷에서 이 집을 발견했다. 남편이 다이빙 투어를 하러 가면서 한 번 살펴보기로 했는데, 돌아오더니 "그 집으로 할까 해"라고 선뜻 한마디 했다. 그리고 곧바로 이주.

일 때문에 몇 달은 도쿄와 요론지마를 왔다 갔다 하면서 생활했다. 다니는 차가 적어서 아이는 밖에서 마음껏 놀 수 있고, 슈퍼에서 소란을 떨어도 주위 어른들이 챙겨준다. 일부러 약속을 하지 않아도 스스럼없이 서로의 집을 오갈 수 있는 친구도 자연스럽게 생겼다. 어디를 가도 아이를 환영해주는 분위기가 있고, '아이는 보물'이라는 것을 느끼게 해준다. 어느새 요론지마 섬의 편안함에 끌리게 되었다.

오늘의 메뉴는 '토마토와 수세미로 만든 콜드 모링가 파스타'. 돌절구에 빻은 구마모토산 밀가루로 만든 바게트를 곁들여서. 섬의 채소를 사들여 식자재의 신선함을 보고 이탈리안, 중화, 퓨전 등 그날의 메뉴를 결정한다. 자신들이 안심하고 먹을 수 있고, 안전하다고 생각되는 것으로. 하얀 바닥에는 햇빛이 반짝거리며 반사되고, 올리브가 작은 그늘을 만든다.

'언젠가는 내 집에서 카페를 하고 싶다'는 막연한

30
Japan's New Islands Trip
아마미 | 요론지마 | 카페

구지라 카페
くじらカフェ

고래(구지라)가 보이는
작은 홈 카페

바다와 맞닿아 있는 커다란 창은 개방감 만점

그날의 식자재를 보면서 메뉴를 생각한다.

구지라 카페

창 밖에 펼쳐져 있는 것은 고래가 헤엄치는 바다

꿈이 있었지만 구체적인 생각은 못했다. 움직이기 시작한 계기는 2012년의 태풍. 강렬한 바람으로 섬을 덮친 그 태풍은 커다란 파도를 일으켜, 집 안의 가구를 전부 쓸어가버렸다고 한다. 다행히 가족은 도쿄에 머물러 있었기 때문에 무사했지만, 전부 처음부터 새로 만들어야 했다. 이왕 이렇게 된 거 '비록 아이가 아직 어리기는 하지만, 하고 싶을 때 해보는 게 좋겠다' 싶었다. 카페를 할 수 있도록 카운터를 리메이크하고, 유목流木을 인테리어에 이용하는 등 1년 반의 세월을 들여 조금씩 자신들의 공간을 만들어갔다.

섬에 와서 안심하고 아이를 키울 수 있는 환경을 얻게 되자 "일이 하고 싶어졌어요"라며 웃었다. "그래도 제 본업은 주부니까, 영업시간은 어린이집 시간에 맞추고 있어요. 아이가 쉬는 날은 카페도 쉬고요. 카페 오픈을 4월 7일에 했는데 8일이랑 9일은 아이가 아파서 카페도 쉬었답니다. 키즈 스페이스도 있으니까, 엄마들이 휴식을 취할 수 있는 장소가 되었으면 좋겠어요. 아이들도 똑같이 즐기면서 자유롭게 커나갈 수 있었으면 좋겠고요."

그곳은 아주 작은 섬이지만, 섬에서 살기 때문에 오히려 많은 인연이 생겨난다. 섬사람들과 여행 도중에 찾아오는 사람들과 맺는 인연. 이 카페에는 마치 자연 속에 있는 것 같은 편안함이 있다. 바다와 꽃이 선명한 색을 띠는 여름철도 물론 추천하는 계절이지만, 1월에서 3월에 걸친 사람이 적은 계절도 좋다. 커다란 소파에 걸터앉아, 창밖을 보자. 바다에 떠 있는 고래를 만날 수 있을지도 모른다.

주 소	가고시마 현 오시마 군 요론초 리쓰초 1622-3 鹿児島県大島郡与論町 立長1622-3
시 간	10:00~16:00
정기휴일	수·일요일, 공휴일 등
주차장	있음
H P	http://www.facebook.com/cafekujira
가는 법	공항, 페리 항에서 차로 남쪽으로 약 5분

31 | Japan's New Islands Trip
고토 열도 | 후쿠에지마 | 카페, 숙소

한도마리 · 다이조부무라!

半泊·大丈夫村!

미래로 이어져가는,
아름다운 산골 마을

후쿠에지마 섬 북단에 위치하는 한도마리 마을. 다른 고토의 섬들과 마찬가지로, 이곳에도 옛날에도 막부의 기독교 탄압을 피해 도망친 사람들이 찾아왔다. 바다를 건너온 그들은 토지를 개간하고, 밭을 만들고, 낚시를 나가고, 집과 학교, 그리고 교회를 지었다. 바깥세상과 단절된 이 작은 산골 마을에서 조용히 살았다고 한다.

바다를 건너온 사람들이 개간한 땅인 만큼, 원래 섬 내의 다른 지역과 이어지는 육로는 없었다. 차로 가다 보면 정말 사람 사는 곳이 나오기는 하는 걸까 하고 불안해지는 좁은 길이 나타난다. 구불구불한 언덕길 끝까지 오면 갑자기 풍경이 탁 트인다. 왼쪽에 작은 초등학교가 있다. 눈앞에는 논이 있고, 그 앞에는 바다, 그리고 옆에 조용히 서 있는 교회. 이 한도마리 마을로 이주해, 폐교였던 초등학교에 살면서 카페를 경영하고 있는 사람은 바로 하마구치 다카시 씨다. 그는 도쿄 출신으로, 오랫동안 농업단체에서 일하며 '언젠가 벼농사

교실을 개장한 카페 공간. 칠판과 사물함이 그리움을 자아낸다.

를 짓고 싶다'는 꿈을 갖고 전국 150개 이상의 지역을 돌아다녔다고 한다. 2006년 8월에 처음으로 후쿠에지마 섬에 왔다가, 금세 이곳이 좋아졌다. 아무것도 없다고 생각할지도 모른다. 하지만 동시에 이곳에는 무엇이든지 있다고도 생각한다. 나무가 많은 산, 밭에서는 양파나 감자, 브로콜리, 토마토 등 제철 채소가 재배되고 논에서는 벼가 이삭을 흔들고 있다. 강은 논밭을 적시면서 바다로 흐르고, 바다로 나가면 물고기가 헤엄치고 있다. 마치 옛날이야기 속의 무대 같은, 아름다운 시골 마을의 풍경이다. 그런 마을에, 5세대 9명이 살고 있다.

교실을 개보수한 카페에서 먹는 런치. 우선은 고구마 감주 '간코로린'부터. 걸쭉한 단맛이 더욱 식욕을 돋운다. 이날의 추천 런치는 '순두부와 솥밥 런치'. 생선채소찜과 돼지고기 양배추말이에 사용한 채소는 대부분 마을에서 수확한 것. 요리는 아내 요시노 씨가 하는데, 관광객은 물론 심사람들에게도 큰 호평을 받았다.

한도마리 · 다이조부무라!

사람들은 이 바다를 건너와 산골 마을을 개척했다. 오른쪽에 원래 학교였던 카페, 그 앞에 논, 왼쪽에는 교회가 있고, 그 옆을 강이 흐르고 있다. 순환하고 계속 이어져갈 수 있는 산골 마을이다.

하마구치 씨는 쌀을 재배할 뿐만 아니라 카페도 운영한다. 또 '전원田園 뮤지엄 구상'이라는 이름으로 이 마을을 미술관·박물관으로 만들어 산골 마을의 생활을 전하고 있다. 섬과 본토를 연결하는 항로 회사와의 연계를 기획하는 등 지역 활성화에도 힘쓰고 있다. 이는 인구가 아홉 명밖에 되지 않는, 소위 말하는 고령화 마을의 아름다운 풍경이 계속해서 유지되기를 바라기 때문이다.

"계속 이어질 이 아름다운 풍경을 내 아이들과 손자들에게도 보여주고 싶어요. 그렇게 생각하니까 결과적으로 지역 진흥이라는 일로 이어지더군요. '공과 사가 융합하는, 저만을 위해서가 아니라 공公을 위해서도 도움이 되는 라이프스타일을 실현한다는 건 참 즐겁다는 걸 절실히 느끼고 있어요."

카페에서 배불리 먹고 나면 산책을 해보자. 자연과 함께 있는 삶의 풍요로움을 느낄 수 있을 것이다.

주　소　나가사키 현 고토 시 도기초 1180 한도마리 분교 내
　　　　長崎県五島市戸岐町1180 半泊分校内
전　화　0959-73-0480
시　간　Cafe 11:30~16:00(LUNCH 예약제)
정기휴일　수·목요일
　　　　농업 체험이나 숙박도 가능. 자세한 것은 홈페이지에서
H　P　http://handomari.com
가는 법　도자키→도기 대교(戸岐大橋)→미야하라→
　　　　간논다이라를 지나 한도마리 간판을 따라 좁은 길로

바다도 산도 강도, 모든 것이 이곳에

숙박도 가능. 이곳은 원래는 직원실이었던 방이다. 다다미방도 있다.

아리카와 씨가 일으키는 기분 좋은 파문이 섬 전체로 퍼져간다.

32 Japan's New Islands Trip
고토 열도 | 후쿠에지마 | 카페, 잡화

소토노마
ソトノマ

지역과 사람이 이어지는 '바깥채'

좋은 동네는 어떤 곳일까. 자연이 가까이 있고, 가족이 옆에 있는 곳. 그리고 거부감 없이 지역 속에서 융합되는 곳. 학교에서 돌아오는 아이들과 인사를 나누고, 수다를 떨고 있는 아주머니들의 대화에 잠깐 끼어들고, 비슷한 또래의 동료들과 다음에는 어떤 이벤트를 할까 생각해볼 수 있는 곳. 이런 사소한 행복을 일상 속에 가져다주는 '자리'가 있는 곳. 그것이 좋은 동네의 매우 중요한 요소가 아닐까.

이날의 메뉴는 '고토 돼지고기 정식'. 섬의 재료로 가득하다.

이곳은 소토노마라는 카페. 고토의 식자재를 사용한 메뉴를 먹을 수 있을 뿐만 아니라, 섬사람들이 만든 수공예 작품이 판매되고 있다. 간단한 칸막이만 되어 있어 쉽게 들어갈 수 있는 마루방이 있고, 그곳에는 많은 그림책과 커다란 칠판이 있다. 집 밖에도 거실처럼 편안하게 쉴 수 있는 공간을 만들자는 생각으로 소토노마(바깥채)라는 이름을 붙였다. 그곳에는 섬 전체에서 사람과 정보가 모여든다. 이 가게를 연 아리카와 도모코 씨는 평소에는 디자인 일을 중점적으로 하고, 어머니 가즈코 씨가 카페를 꾸려나가고 있다.

후쿠에지마 출신인 도모코 씨는, 초등학교 3학년 때까지 살다가 섬 밖으로 나갔다. 대학원에서 도시 계획을 공부한 후, 오사카의 하우스메이커 연구소에서 근무했다. '생활에 밀접하게 연관된 일을 하고 싶다'는 생각이 있었기 때문이다. 그러나 육아와 지진, 섬에서 혼자 살고 계신 할머니 등 여러 가지 이유가 얽혔을 때, 마침 남편이 섬에서 임

섬의 생산자들의 작품을 전시, 판매. 기념품 찾는 일도 즐겁다.

업 관련 일자리를 얻게 되었다. 그래서 후쿠에지마 섬으로 유턴하기로 결심했다. 반대한 것은 섬 사람들이었다. "도시에서 살아갈 수 있는데, 왜 아무것도 없는 시골로 돌아오려고 해?"
2011년 6월에 이주해, 7월에는 초초사草草社를 설립했다. 섬에서 만들어지는 여러 가지 것들의 로고나 전단지 등의 디자인 일을 시작한 것. 섬의 것을 디자인한다는 것은 삶이나 풍토, 문화와 분위기를 형태로 만들고, 전하는 것이다. 그리고 '섬 마르쉐'라는 이벤트를 개최해 만드는 사람과 인연을 맺어간다. 도모코 씨는 2008년경부터 '하고 싶은 일'을 노트에 적어왔다. 그중 하나는 '고토에 안테나숍을 열고 싶다'는 것. 지역 초등학교 앞의 오랫동안 비어 있던 상점을 빌려 벽을 칠하고, 바닥을 깔고, 빈집에서 집기를 받아다 카페를 만들었다. 사용하는 식자재는 고토산만 고집한다. 지

편안한, 안테나숍 같은 카페

지역 농가에서 키우는 채소도 판매. 싱싱하고 생명력이 넘친다.

역의 활동이나 워크숍 장소로도 활용되고, 섬 생산자들의 작품이나 기념품도 진열되어 있어, 그곳은 진짜 고토의 '안테나숍' 같다.
"장소가 있으니까 와주는 거예요. 사람들이 이곳에서 수다를 떨거나 교류하는 모습을 보면 참 기뻐요. 초등학생은 책을 빌리러 오고, 아주머니는 채소를 사러 와요. 이곳이 없었다면 만나지 못했을 사람들을 만날 수 있어요. 참 기쁜 일이죠."

후쿠에지마는 살기 좋은 곳이다. 어른들은 아이들과 놀아주고, 화도 낸다. 자연도 가깝다. 카페도 많지 않았고, 디자이너라고 할 수 있을 만한 일을 하는 사람도 없었다. 이 섬이기 때문에, 자신밖에 할 수 없는 일이 있었던 것이다. 소토노마의 존재가 섬에 빛을 가져다준다. 사람들에게 활기가 생긴다. 도모코 씨라는 물방울이 후쿠에지마 섬에 툭 떨어져, 그 파문이 섬 전체로 퍼져가고 있다.

주 소	나가사키 현 고토 시 쓰쓰미초 1348-1 長崎県五島市堤町1348-1
전 화	0959-88-9081
시 간	9:00~21:00
정기휴일	화요일
주 차 장	있음
H P	http://sotonoma.1wix.com/home
가는 법	고토 버스 '모토야마' 하차 도보 1분, 모토야마 초등학교 뒷문 앞

2014년, 여름이 끝날 무렵부터
요론지마 섬을 시작으로 13개의 섬을 찾아갔습니다.

오키나와를 거점으로 찾아가기 힘든 곳도 많았지만,
그래도 어느 섬이나 찾아갈 만한 가치를 느끼게 해주는
매력적인 장소들뿐이었습니다.

기분 좋게 취재에 응해주신 32팀의 생산자 여러분,
정말 고맙습니다.
이 책의 계기를 만들어주신 WAVE출판의 나카무라 씨,
편집, 진행을 맡아주신 데지마 씨, 사토 씨께도 감사드립니다.
이번에도 멋진 디자인으로 완성해주신
야마모토 군에게도 감사드립니다. 고맙습니다.

그리고 제 여행을 따뜻하게
지원해준 가족에게 고맙다는 말을 하고 싶어요.

이번 여행은 작은 섬에서의 생활을
들여다보는 여행이기도 했습니다.

도시에 비하면 물질적으로는 불편하다고 해도,
그 작은 커뮤니티 안에서 생생하게 살아가는 사람들.
그들로 인해 앞으로의 '풍요로운 삶'을 볼 수 있었습니다.

이번에 소개해드린 곳들은 많은 섬 중의 극히 일부입니다.
꼭 여러분이 좋아하는 섬을 발견해주세요.
어쩌면 여러분에게 딱 맞는
장소를 찾을 수 있을지도 모릅니다.

이 책이 멋진 섬, 사람, 그리고 여행과 만나는 계기가 되기를.
여러분의 여행이 그런 둘도 없는 시간으로 채워지기를.

그럼 저는 여행을 계속하겠습니다.
다음에는 어디로 갈까요.

세소코 마사유키

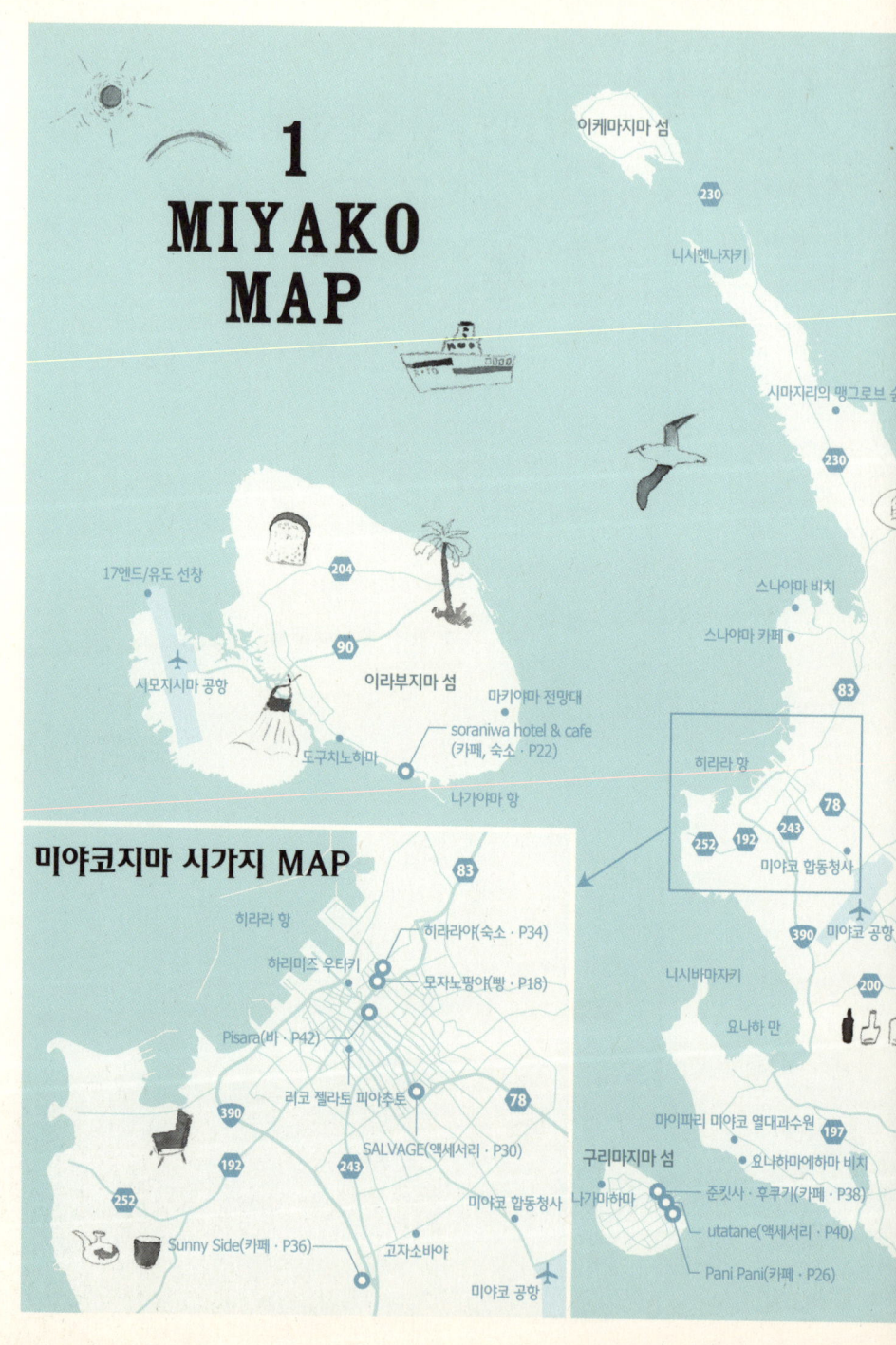

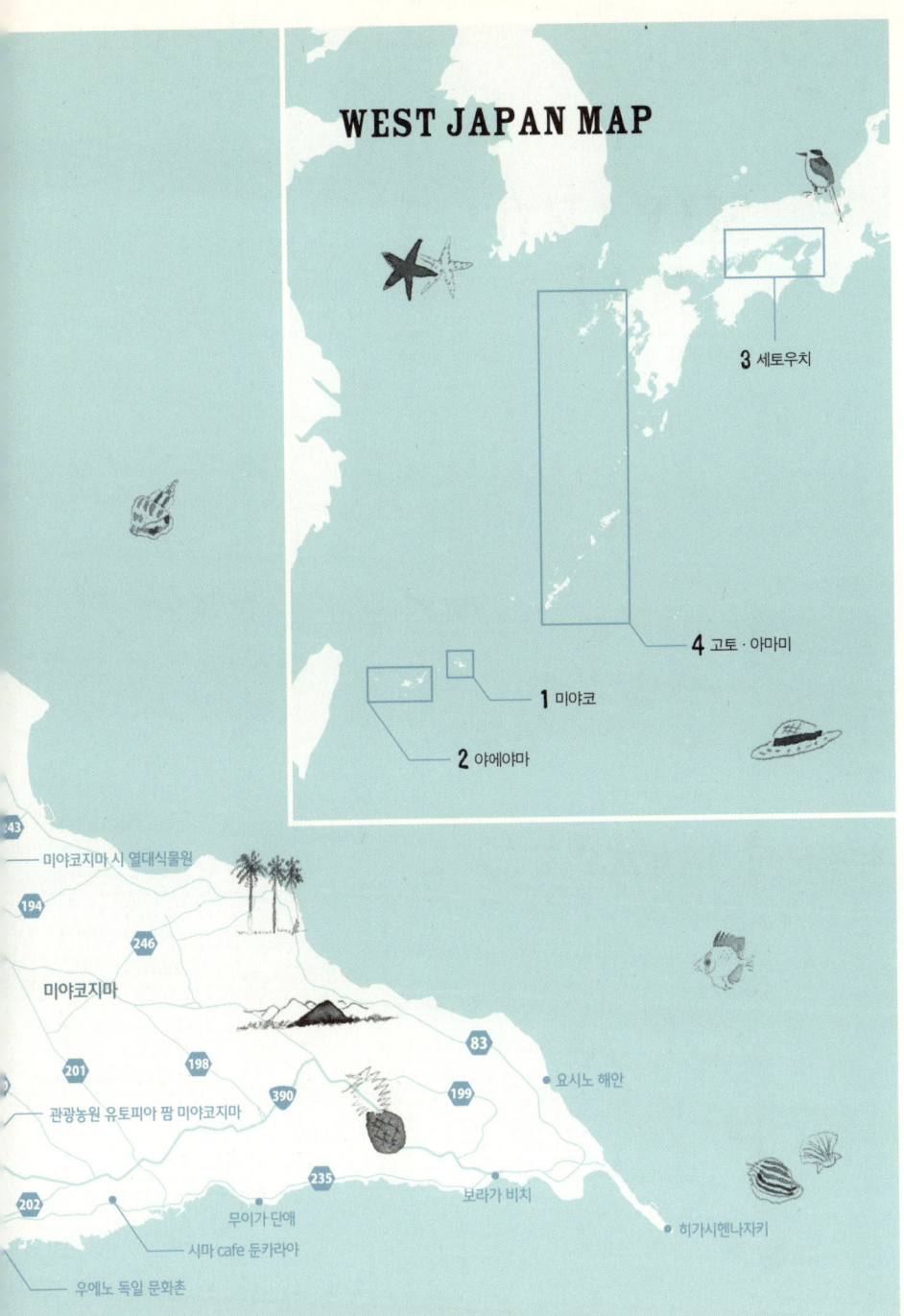

YAEYAMA AREA

⑤ 요나구니지마 섬

② 이리오모테지마 섬
① 이시가키지마 섬
③ 구로시마 섬
④ 하테루마지마 섬

아야프파미
(카페, 잡화, 공방·P50)

나카소코 상점 shop+café
(잡화, 카페·P66)

팔러 민피카
페리 승선장

니시하마
니시노

④ 하테루마지마 섬
하테루마 공항

구로시마

별 관측 타워
일본 최남단의 비(碑)

기타 목장
요나구니 공항

216

⑤ 요나구니지마 섬
잡화 사쿠라(잡화·P58)

카레와 음료 유키산치
게스트하우스 Fiesta

일본 최서단의 땅

216

와카나 소바
야마구치 도자기 공방

미나미 목장
히키와 지역 공동상점

3 SETOUCHI MAP

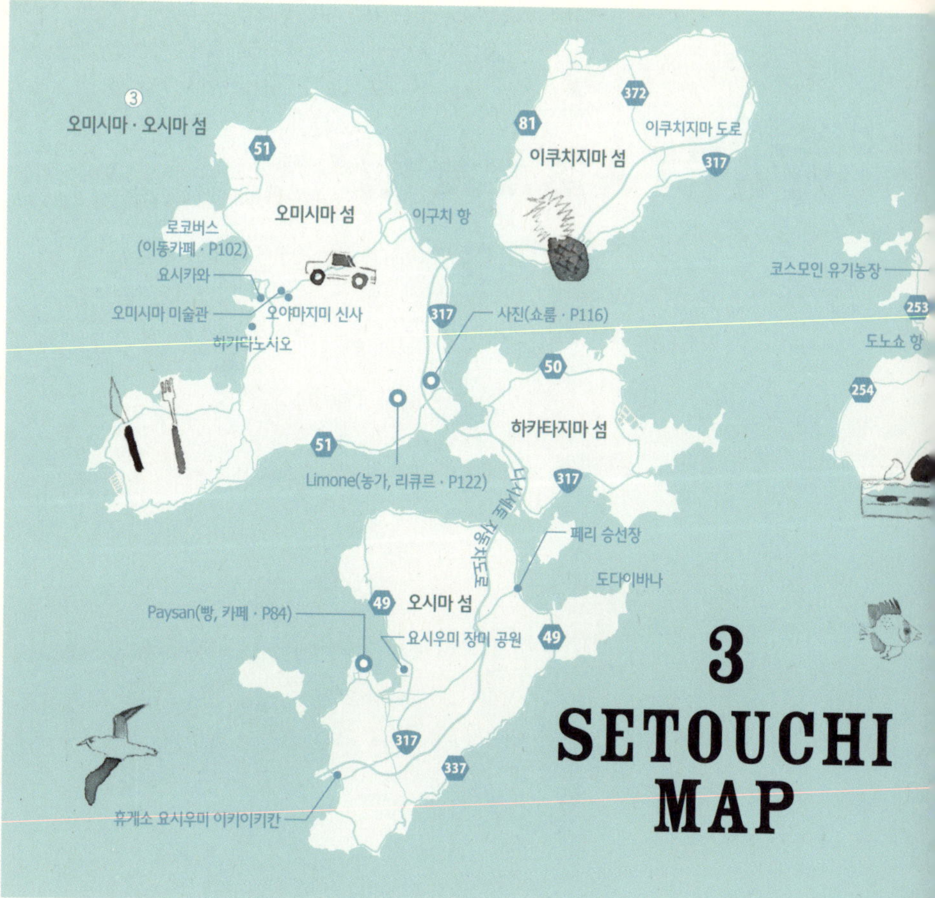
③
오미시마 · 오시마 섬
51
오미시마 섬
로코버스
(이동카페 · P102)
요시카와
오미시마 미술관
오야마지미 신사
히가디노시오
이구치 항
317
사진(쇼룸 · P116)
51
Limone(농가, 리큐르 · P122)
372
81
이쿠치지마 도로
이쿠치지마 섬
317
코스모인 유기농장
253
도노쇼 항
254
50
하카타지마 섬
317
니시세토 자동차도로
페리 승선장
도다이바나
49
오시마 섬
Paysan(빵, 카페 · P84)
요시우미 장미 공원
49
317
337
휴게소 요시우미 이키이키칸

SETOUCHI AREA

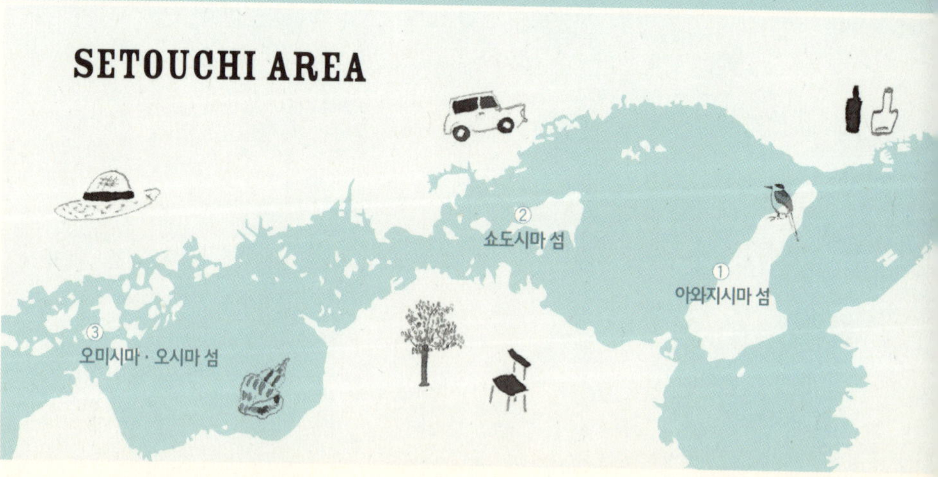
②
쇼도시마 섬
①
아와지시마 섬
③
오미시마 · 오시마 섬

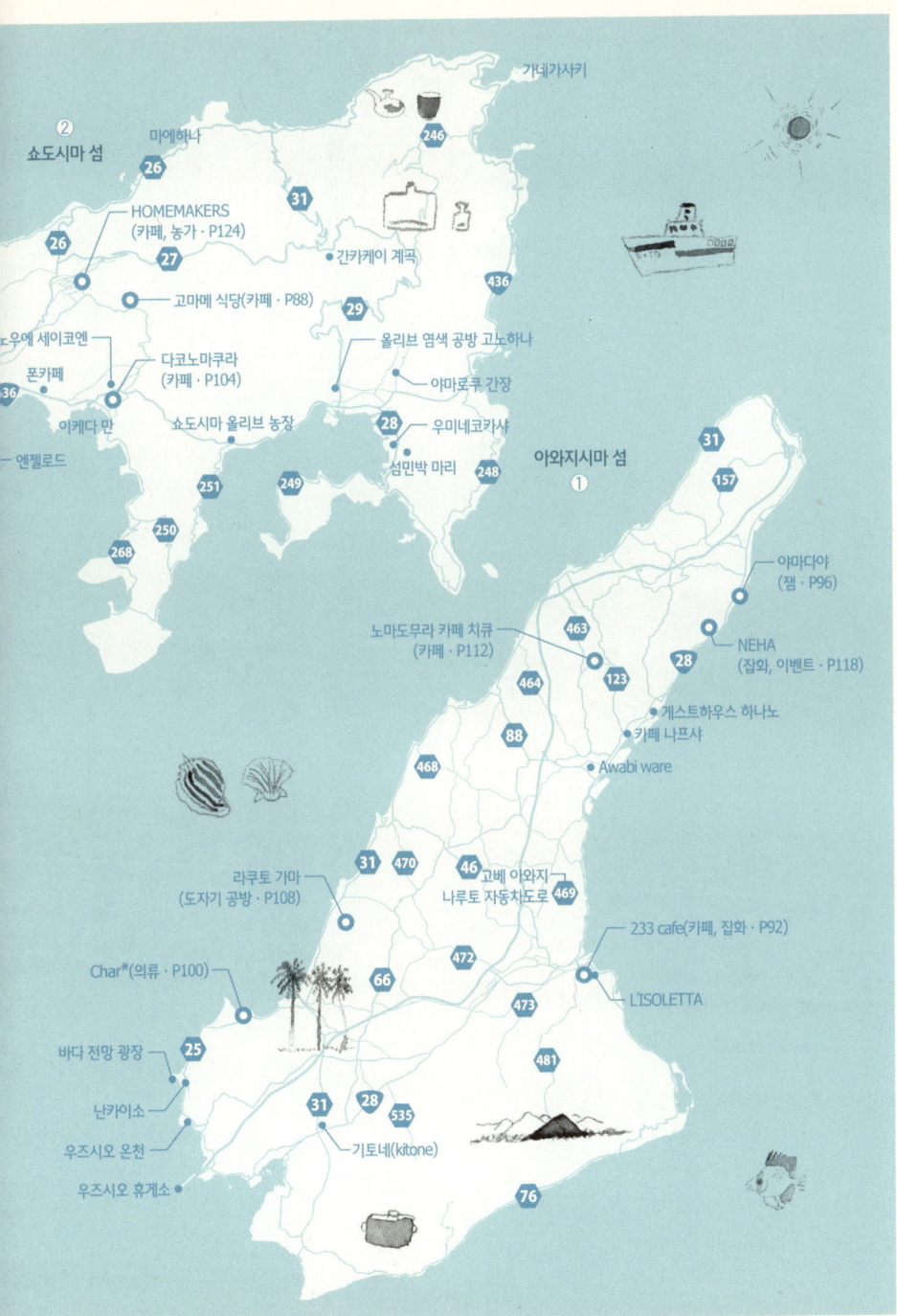

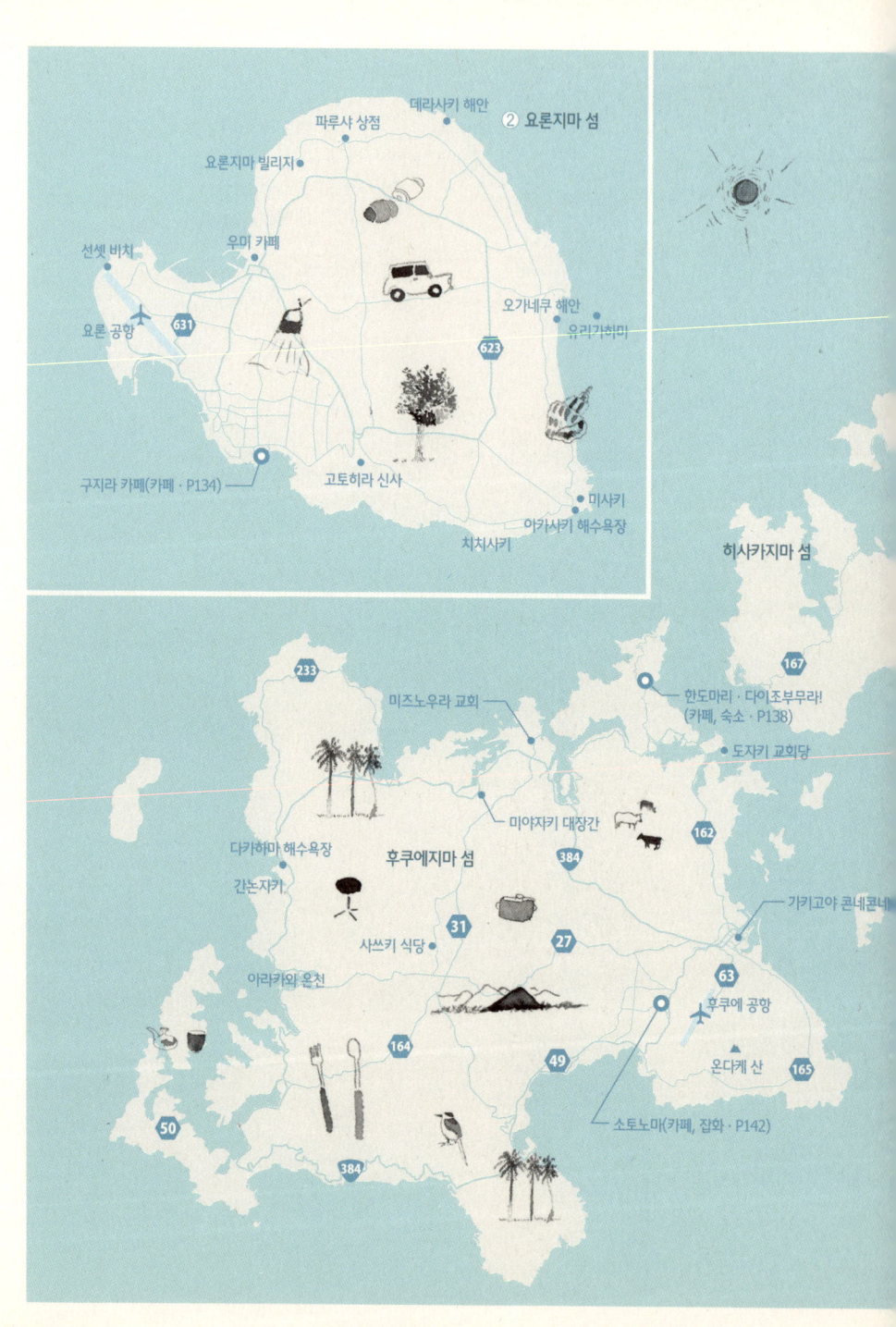

세소코 마사유키

편집자·작가. 잡지 〈카메라 찍기 좋은 날〉, 〈자휴자족〉의 편집자를 거쳐 '데가미샤'의 스태프로서 서적 편집, 이벤트 기획&운영 등을 폭넓게 맡고 있다. 2012년, 오키나와로 이주하면서 독립. 여러 매체에서의 편집, 집필 외에도 이벤트 디렉션 등 독자적인 시선으로 오키나와의 매력을 알리기 위해 활약 중. 관광정보 사이트 '오키나와 CLIP' 편집장. 저서로 〈새로운 오키나와 여행〉이 있다.
website / masayukisesoko.com

새로운
일본의 섬 여행

2015년 11월 15일 초판 1쇄 펴냄

지은이	세소코 마사유키
옮긴이	김소연
공동기획	인페인터글로벌
발행인	김산환
책임편집	송유선
디자인	이아란
영업 마케팅	정용범
인쇄	두성 P&L
종이	월드페이퍼

주소	경기도 파주시 광인사길 217, 3층
전화	070-7535-9416
팩스	031-955-1530
홈페이지	www.dreammap.co.kr
출판등록	2009년 10월 12일 제82호

ISBN 979-11-86581-51-3 13980

ATARASHII RITÔ RYOKÔ
Copyright © 2015 by Masayuki SESOKO
First published in 2015 in Japan by WAVE PUBLISHERS CO.,LTD
Korean translation rights arranged with WAVE PUBLISHERS CO.,LTD
through Japan Foreign-Rights Centre / Shinwon Agency Co.

이 책의 한국어판 저작권은 Japan Foreign-Rights Centre와 Shinwon Agency를 통해 WAVE PUBLISHERS CO.,LTD와의 독점계약으로 도서출판 꿈의지도에 있습니다.
저작권법에 의해 한국 내에서 보호를 받는 저작물이므로 무단전재와 복제를 금합니다.